덧셈 뺄셈, 꼼짝 마라!

초등수학 주제학습 01 덧셈과 뺄셈

## 덧셈 뺄셈, 꼼짝 마라!

1판 1쇄 발행일 2006년 1월 5일
개정판 1쇄 발행일 2008년 4월 14일
개정판 9쇄 발행일 2021년 4월 12일

글쓴이 조성실 그린이 김마늘 펴낸곳 (주)도서출판 북멘토 펴낸이 김태완
책임편집 홍민영 디자인 간텍스트 마케팅 최창호
출판등록 제6-800호(2006. 6. 13.)
주소 03990 서울시 마포구 월드컵북로 6길 69(연남동 567-11), IK빌딩 3층
전화 02-332-4885 팩스 02-6021-4885 이메일 bookmentorbooks@hanmail.net

ⓒ 조성실·김마늘, 2006

ISBN 978-89-6319-262-8 73410

※ 잘못된 책은 바꾸어 드립니다.
※ 이 책은 저작권법에 따라 보호를 받는 저작물이므로 무단 전재와 무단 복제를 금합니다.
※ 이 책의 전부 또는 일부를 쓰려면 반드시 저작권자와 출판사의 허락을 받아야 합니다.
※ 책값은 뒤표지에 있습니다.

**인증 유형** 공급자 적합성 확인 **제조국명** 대한민국 **사용연령** 8세 이상
KC마크는 이 제품이 공통안전기준에 적합하였음을 의미합니다.
※ 종이에 베이거나 책 모서리에 다치지 않도록 주의하세요.

초등수학 주제학습 01 덧셈과 뺄셈

# 덧셈 뺄셈, 꼼짝 마라!

조성실 지음 | 김마늘 그림

북멘토

| 친 | 구 | 들 | 에 | 게 |

여러분, 안녕? 점박이 선생님, 조성실이야. 왜 점박이냐구? 선생님 이마에는 큰 점이 있거든. 선생님이 가르치는 친구들은 그 점이 신기한지 자꾸 선생님을 "점박이 선생님, 점박이 선생님." 하고 부르네. 그래서 점박이 선생님이 됐어.

그 친구들은 또 수학놀이하는 것과 수학 이야기 듣는 것을 좋아해. 이야기를 들으면서 여러 가지 상상도 한단다.

덧셈이 없는 나라에서는 어떤 일이 일어날까?

덧셈이 없다면 우리 반, 옆 반, 또 그 옆 반이 함께 놀이공원에 갈 수 없을지도 몰라. 왜냐구?

우리 반 34명, 2반 33명, 3반 25명, 4반 28명, 5반 32명이 함께 놀이공원에 갔어. 표를 사야 하는데 합해서 몇 명인지 알 수가 없잖아, 덧셈을 못하니까. 할 수 없이 한 줄로 세워서 세기 시작했어. 자, 맨 앞사람부터 세기 시작! 일, 이, 삼, 사, 오, 육, …, 십, 십일, 십이, 십삼, ……. 그러다가 잘못 세서 처음부터 다시 세고 또 세다 보니 놀이공원이 문을 닫을 시간이 돼 버린 거야. 만약 친구들이 더 많다면? 아이구! 덧셈이 없는 나라에는 아마 놀이공원이 없을지도 몰라.

너무너무 불편하고 재미없는 세상이 되겠지?

그런데, 이 책을 읽는 친구들은 그런 나라에 갈 필요가 없어. 코를 잘 후비는 귀여운 우리 영순이와 언니인 영성이와 이 선생님이 '수' 라는 것이 도대체 무엇인지, 덧셈·뺄셈이 왜 필요한지, 덧셈과 뺄셈은 어떻게 하는지 자세히 알려주거든.

즐겁게 그리고 재미있게 이 책을 여행하고 나면 우리 친구들은 아마도 덧셈, 뺄셈이 잘 이루어지는 편리한 나라에서 살 수 있을 거야.

자, 그럼 이제 출발해 볼까?

점박이 조성실 선생님이

| 차 | 례 |

우리 코딱지는 왜 세 개도 많다고 할까?
　‥수를 표현하는 말과 셈의 기원　　　　　　8

동그라미도 숫자가 될 수 있어
　‥숫자의 기원, 숫자의 편리함　　　　　　14

내 친구 수막대를 소개할게.
　‥덧셈, 뺄셈의 기본 도구인 수막대　　　　22

우리 엄마 나이는 삼오,
우리 아빠 나이는 사영이래요
　‥자리가 있어서 편리한 아라비아 수　　　28

수리수리 코딱지 얍!
　‥9까지의 수 가르기와 모으기　　　　　　36

이렇게 긴 영수증도 있나요?
　‥덧셈의 뜻과 덧셈식　　　　　　　　　　44

세어 보지 않고도 알 수 있어.
　‥뺄셈의 뜻과 뺄셈식　　　　　　　　　　50

다 마찬가지야!
　‥9까지의 덧셈과 뺄셈　　　　　　　　　58

쪼개라 뚝딱! 합해라 뚝딱!
　··10 가르기와 모으기　　　　　　　　64

앞으로 앞으로, 앞으로 뒤로!
　··수직선을 이용한 덧셈과 뺄셈　　　　70

길쭉이는 길쭉이끼리, 땅딸이는 땅딸이끼리
　··받아올림이 없는 두자리수끼리의 덧셈, 뺄셈　　78

하나, 둘, 셋, 넷,
차례로 더하는 건 싫어! 10을 만들자
　··더해서 10이 넘는 두 수의 덧셈　　　　86

도대체 왜 이런 일이 일어난 걸까?
　··받아내림이 있는 십몇과 한자리수의 뺄셈　　92

길쭉이 방으로 이사를 간 땅딸이들.
　··받아올림이 있는 두자리수의 덧셈　　　　98

도대체 오늘은 또 무슨 일이 일어난 걸까?
　··받아내림이 있는 두자리수의 뺄셈　　　　104

아무리 큰 수라도 이젠 문제 없어!
　··세자리수 이상의 덧셈, 뺄셈　　　　112

# 우리 코딱지는 왜 세 개도 많다고 할까?

### 수를 표현하는 말과 셈의 기원

20★♡년 11월 24일 몹시 추움

오늘은 내 동생 코딱지의 다섯 번째 생일이다.
이름은 영순이… 그런데 6살짜리가 매일 코딱지만
파고 있어서 난 그냥 우리 영순일 코딱지라고 부른다.
엄마가 오늘 코딱지를 위해 아주 특별한 과자를 준비하셨다.
동물 모양의 과자 말이다. 우리 코딱지가 제일 좋아하는…
난 코딱지와 내 접시에 동물의 종류대로
10개의 과자를 올려놓았다.
그런데 내 동생 코딱지는 벌써
다섯 번째 생일을 맞이했는데도
접시에 담긴 과자를 세면서
아직도 이렇게 말한다.

"하나, 둘, …, 많다!"
사탕을 세 개 줘도
"하나, 둘, …, 많다!"
어떤 것이든 많든 적든
"하나, 둘, …, 많다!" 한다.

나는 내 동생이 공부를 못하게
될까 봐 너무 걱정이다.
나도 어렸을 때는 그랬을까?

아주아주 먼 옛날, 그것이 언제인지 정확히는 알 수 없지만 사람들이 모두 '수'를 세지 못하는 때가 있었어. 식물을 채집하고 동물을 사냥하던 원시 시대였으니까 수를 셀 필요가 없었지. 그런데 농사를 짓고 가축을 기르면서 곡식의 씨를 언제 뿌려야 하는지, 초원에서 가축들이 모두 돌아왔는지 정확하게 알고 싶어졌어.

그런데 수를 셀 수 있게 된 이후에도 사람들은 우리 귀여운 코딱지처럼 모두 '하나', '둘' 정도만 세고, 그보다 큰 수는 그냥 "많다."고 말했대.

물고기를 다섯 마리 잡아도 "하나, 둘, ……, 많다!"
양이 열 마리 있어도 "하나, 둘, ……, 많다!"
사람 스무 명을 봐도 "하나, 둘, ……, 많다!"

수를 '하나, 둘, ……, 많다!'라고 세니까 어느 것이 많은지, 얼마나 많은지 알 수 없었겠지?
그러다가 좋은 방법을 찾아 냈지 뭐야.
그건 바로 돌멩이 세기 방법이었어.

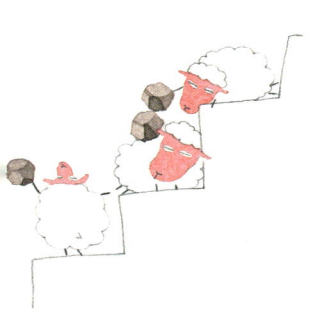

양 한 마리, 돌멩이 하나
또  양 한 마리, 돌멩이 하나
또   양 한 마리, 돌멩이 하나
또    양 한 마리, 돌멩이 하나
또     양 한 마리, 돌멩이 하나

이렇게 양의 '수' 만큼 돌멩이를 놓았지.
그리고, 며칠 뒤에 다시 세어 보았어.

양 한 마리 돌멩이 하나, 또 양 한 마리 돌멩이 하나, 또 양 한 마리 돌멩이 하나 ……..

어? 그런데 양은 없는데, 돌멩이는 하나가 있네. 그 때에는

"양이 없어졌다! 양을 찾아라!"

했다지. '수'를 정확히 세지는 못해도
없어진 양을 찾는 데는 정말 좋은 방법 아니야?
돌멩이 대신 금을 긋기도 하고, 나무에 밧줄을 하나씩 묶어 놓기도 했어. '수'를 몰랐지만, 짝짓기 방법으로 동물의 수나 물건의 개수를 세었던 거지.

수를 표현하는 말과 셈의 기원

이런 짝짓기 방법이 모든 셈의 시작이 되었어.

그런데 돌멩이로 '수'를 알아보다 보니까 재미있는 사실을 알게 되었어.

다섯 마리도, 다섯 그루도, 다섯 명도, 다섯 개도 모두 '다섯'이라는 '수'로서 같다는 사실을 말이야.

우리가 '아홉'이라고 수를 셀 때도 아홉은 '수'로서 언제나 같으니까 돌멩이 아홉 개도, 표지판 아홉 개도, 컴퓨터 아홉 대도, 곰 아홉 마리도 모두 '수'로는 아홉이야. 모두 같아.

그런데 뭐라고?
친구한테 빌린 연필 여섯 자루 대신에 돌멩이 여섯 개를 주겠다고? 장난이지?
연필 여섯 자루 대신 돌멩이 여섯 개를 주는 것은 안 돼.
연필 여섯과 돌멩이 여섯은 '수'로서만 같은 거야. 다 알면서 장난친 거지?
즐거운 장난은 이제 그만~~

'하나, 둘, ……, 많다!' 사람들은 점차 '수'에 대해 알게 되면서 이것을 문자로 나타내고 싶다는 생각을 하게 되었어. 돌멩이를 이용하는 방법은 3이나 4처럼 간단한 수는 상관없지만, 좀더 큰 수는 표시하기 어려웠기 때문이야.
그래서 어떻게 되었을까?
음 …… 그래, 맞아. 숫자가 등장한 거야.

그럼, 애들아, 숫자가 어떻게 생기게 되었는지 함께 알아보러 가지 않을래?

# 동그라미도 숫자가 될 수 있어

숫자의 기원, 숫자의 편리함

20★♡년 12월 13일 어제보다 더 추움

드디어,
우리 코딱지가 수를 빼먹지 않고 셀 수 있게 되었다.
하나, 둘, 셋, 넷, 다섯, 여섯, 일곱, 여덟, 아홉.
이 정도면 내년에 학교에 가도 괜찮겠지 생각하고 있는데…
아니 글쎄, 오마이가드 으으으!
하나는 ○, 둘은 ○○, 셋은 ○○○,
넷은 ○○○○, …, 일곱은 ○○○○○○○, … 라고 쓰는
것이 아닌가.
숫자를 아무리 가르쳐 주어도 동그라미로 그리기만 한다.
우리 코딱지는 정말 이상하다.
둘을 ○○로 그리는 것보다
2라고 쓰면 훨씬 쉬운데
왜 어렵게 동그라미를 그릴까?
정말 공부를 못하려고 그러는 걸까?

숫자의 기원, 숫자의 편리함

이번엔 영성이가 '숫자'를 쓰도록 가르치려다 고민에 빠졌구나. 너희들도 코딱지가 이상하다고?

왜 간단한 숫자를 쓰지 못하고 자꾸 동그라미를 그리냐고?

그래도 선생님은 우리 귀여운 코딱지가 아주 똑똑하다는 생각이 들어. 수를 글씨처럼 '써야겠다'고 생각하니까 말이야.

아주아주 오래 전 옛날 이야기를 들으면 이 고민이 없어질 것 같아. 들어 봐.

옛날에 점박이 원시인이 있었어. 이마에 선생님처럼 점이 있었나? 이 원시인 이름도 점박이잖아.

이 점박이 원시인은 매일매일 물고기를 잡으러 갔어.

지금처럼 물고기를 잡는 도구가 많지 않아서, 맨손으로 물고기를 잡아야 했어. 얼마나 어려웠겠니? 잘 잡히지 않았겠지?

그런데 어느 날, 갑자기 고기가 자꾸 점박이 손 쪽으로 오는 거야. 정말 운이 좋았어.

한 마리, 두 마리, 세 마리, 네 마리, 다섯 마리, 여섯 마리, 일곱 마리, 여덟 마리!

야호, 신난다!!

점박이 원시인은 물고기 여덟 마리를 줄에 꿰어 어깨에 메고 집으로 돌아왔어. 물론, 먹었지. 가족들에게 수고했다고 칭찬도 받고 말이야.

점박이 원시인은 오늘 물고기 여덟 마리 잡았다는 것을 오랫동안 기억하고 싶었어. 그런데 어쩌지? 사람들은 다 잊어버리잖아. 점박이 원시인도 언젠가는 잊어버리겠지? 그래서 잊지 않으려고 어떻게 했을 것 같으니?

맞았어! 표시를 해 두기로 한 거야.

물고기 여덟 마리를 그렸냐고?

아니, 물고기를 먹고 나니 뼈가 남잖아. 처음에는 뼈를 그렸어. 과일을 많이 딴 날에는 과일의 씨를 그렸을 거야.

그러다가 뼈를 그리는 것보다 더 간단한 표시를 하기로 했어. 빗금을 그렸지.

하나는 빗금 /
둘은 　빗금 //
셋은 　빗금 ///
넷은 　빗금 ////
다섯은 빗금 /////

여섯은 빗금 //////
일곱은 빗금 ///////
여덟은 빗금 ////////
아홉은 빗금 /////////

점박이 원시인은 빗금을 그릴 때마다 좀더 간단하게 표시할 방법은 없을까 생각했어.
그러다가 드디어, 드디어!
빗금을 치는 것보다 개수마다 각각 표시를 다르게 하는 것이 더 간단하겠구나 하는 생각이 들었지.
그래서!

좋은 생각이 떠올랐어

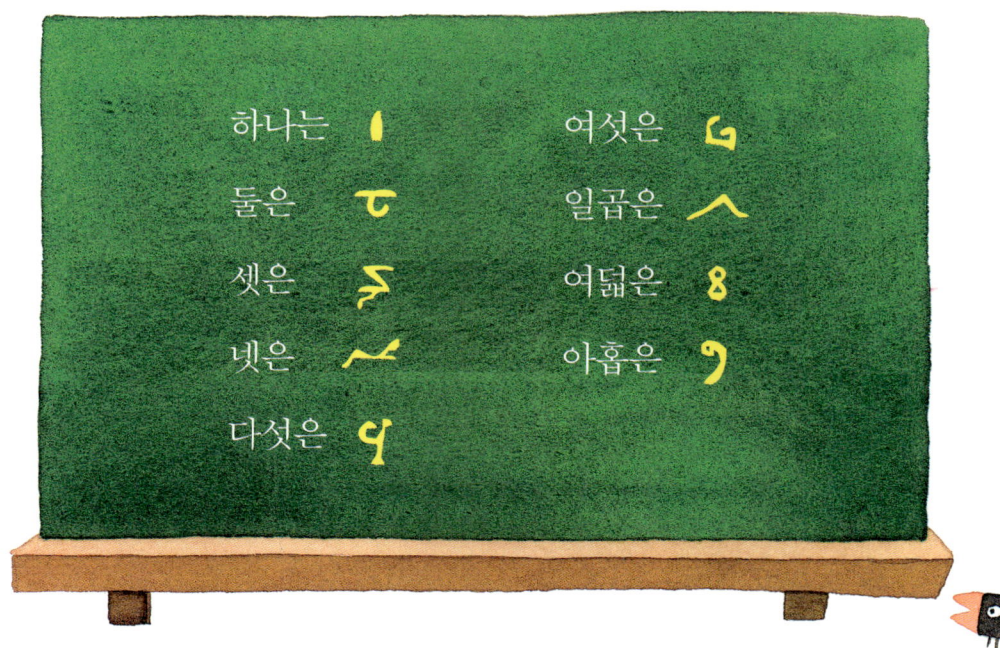

이렇게 표시하기로 했어. 그랬더니 정말 간단한 거야. 빗금을 여러 번 그리지 않아도 되니까 말이야. 다른 원시인들도 점박이 원시인이 쓰는 방법을 따라서 쓰기로 했대.

그 다음부터는 수를 편리하게 표시할 수 있었겠지?

어때? 우리 귀여운 코딱지도 점박이 원시인을 닮았지? 숫자를 동그라미로 표시하니 말이야. 동그라미를 그리는 것도 불편하지만 '숫자'라고 할 수 있거든.

'숫자'란 수를 표시할 수 있는 기호야. 숫자는 나라마다 달랐단다. 물론, 시간이 지나면서 숫자가 변화하기도 했어.

그럼 다른 나라 숫자들을 한번 소개해 볼까?

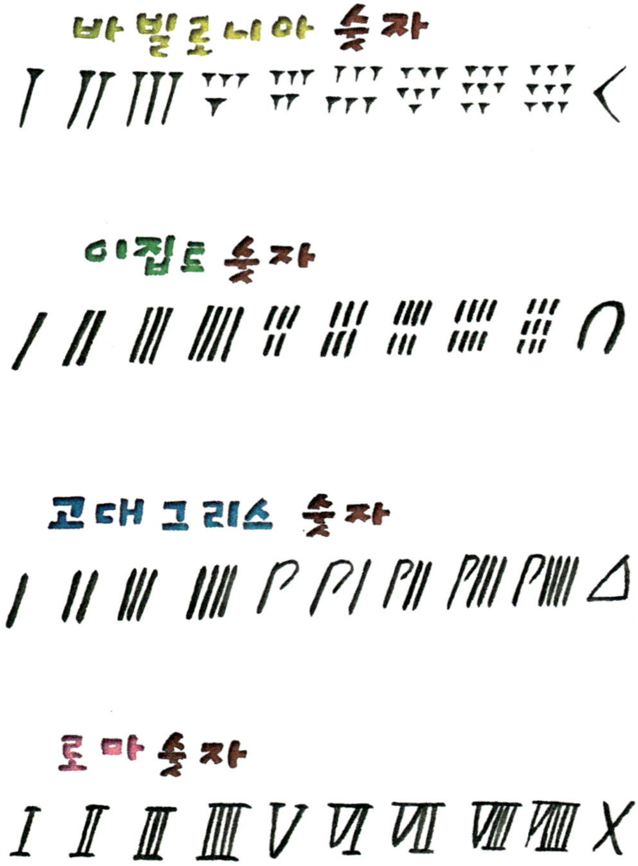

**바빌로니아 숫자**

丨 丨丨 丨丨丨 ▽ ▽▽ ▽▽▽ ▽▽▽ ▽▽▽ ▽▽▽ ＜

**이집트 숫자**

丨 丨丨 丨丨丨 丨丨丨丨 丨丨丨丨丨 丨丨丨 丨丨丨丨 丨丨丨丨 ∩

**고대 그리스 숫자**

丨 丨丨 丨丨丨 丨丨丨丨 Ր Ր丨 Ր丨丨 Ր丨丨丨 Ր丨丨丨丨 Δ

**로마 숫자**

Ⅰ Ⅱ Ⅲ Ⅳ Ⅴ Ⅵ Ⅶ Ⅷ Ⅹ

우리가 쓰는 숫자와 다르지?
우리가 쓰고 있는 0, 1, 2, 3, 4, 5, 6, 7, 8, 9 이런 숫자가 점박이 원시인이 만든 숫자인지 아닌지 궁금하다고?

이 숫자는 '인도-아라비아 숫자'라고 해. 처음에 인도에서 쓰던 숫자야. 아라비아 사람들이 다른 나라 사람들에게 알려 주었지. 지금 여러 나라에서 쓰고 있는 숫자는 거의가 '인도-아라비아 숫자'란다.

이런 '인도-아라비아 숫자'는 수를 나타낼 때 쓰는 여러 가지 숫자들 중에서 가장 편리한 숫자란다.

그런데 왜 편리한 걸까?

# 내 친구 수막대를 소개할게

### 덧셈, 뺄셈의 기본 도구인 수막대

20★♡년 1월 20일 눈 너무 많이 내려 밖에 못 나감

오늘도 우리 코딱지는 나의 작전에 말려들고 말았다. ㅋㅋ. 가베로 탑쌓기를 하자고…
내가 지면 코딱지가 좋아하는 나의 딱지를 다 준다고…
매번 진다는 것을 알면서도 우리 코딱지는 좋아라하며 덤볐다.
공부를 못해서 그런걸까?
드디어 시작!
난 가베를 차곡차곡 쌓아 10개를 놓았다.
코딱지 탑은 가베 5개를 놓자 흔들흔들 거리기 시작했다.
코딱지는 소리쳤다. "언니, 무너지기 전에 빨리 비교해 봐."
뻔할 뻔자인데 왜 비교를 해보라는 건지…
그래서 난 두 개의 탑을 딱 붙여보았다. 그러자 우리 코딱지는 모기만한 소리로 말했다. "내가 또 졌다."
그래서 그 귀중한 코딱지의 풍선껌을 두 개나 얻어냈다.
코딱지는 많이 억울한지 다시 물었다.
"언니 탑만큼 올리려면 나 몇 개 더 쌓아야 해?"
아니 이런 천재같은 질문을?
난 커다란 풍선을 불며 아주아주 상냥한 목소리로 말했다.
"자 봐봐, 두 개 키를 비교해보니까 언니게 이만큼 남지, 이 남는 만큼만 세어보면 되는거야. 하나, 둘, 셋, 넷, 다섯."
코딱지는 고개를 끄떡였다.
우리 코딱지가 내 설명을 알아듣다니……

덧셈, 뺄셈의 기본 도구인 수막대

우리 친구들은 선생님이 "오."라고 말하면 어떤 생각이 나?

'5'라는 숫자?
친구 다섯 명?
아니면, 사탕 다섯 개?

어? 모두 '오'라는 수와 관계가 있네.

그런데 숫자 '5'는 말이야, 이를테면 '우리마트', '까끄랴 뽀끄랴' 같은 가게의 간판과 같은 구실을 할 뿐이야. 실제로 '오'라는 수의 성질과는 아무런 상관이 없다고.

또, 친구 다섯 명은 '다섯'이라는 수보다 다섯 명이 많은 거다, 적은 거다, 친구가 좋다, 싫다 등등 친구의 특징에 대해 더 생각하게 하지.

사탕 다섯 개도 마찬가지야. 사탕 다섯 개라면 '다섯'이라는 수보다는 무슨 맛 사탕인지, 사탕 다섯 개는 많은지 적은지, 사탕이 큰지 작은지 등등 사탕의 특징에 대해서 더 생각하게 되지.

그래, 이것들은 '오'와 관계가 있기는 하지만 '오'라는 수 자체를 나타내는 것은 아니야.

덧셈, 뺄셈의 기본 도구인 수막대

1짜리   땅딸이 수막대
10짜리  길쭉이 수막대
100짜리 넓적이 수막대

어떤 사람들은 1모형, 10모형, 100모형이라고도 부르지.

이 친구들을 소개한 이유를 얘기해 볼게.

수막대 친구들은 '10개씩 한 묶음'이라는 십진기수법의 원리를 나타내지.

즉, 10이 처음의 1보다 열 배 크기임을 한눈에 알 수 있어.

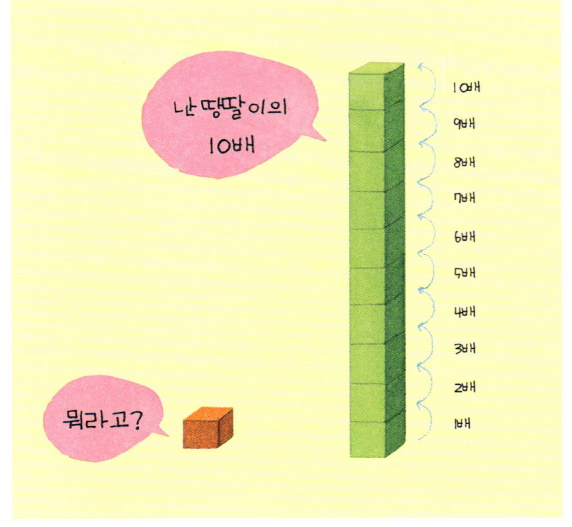

또, 100개씩 한 묶음이 된 새로운 1, 즉 100이 처음의 10보다 열 배 크기임도 한눈에 알 수 있지.

이 친구들의 도움으로 우리는 눈에 보이지 않는 수를 보고 만지

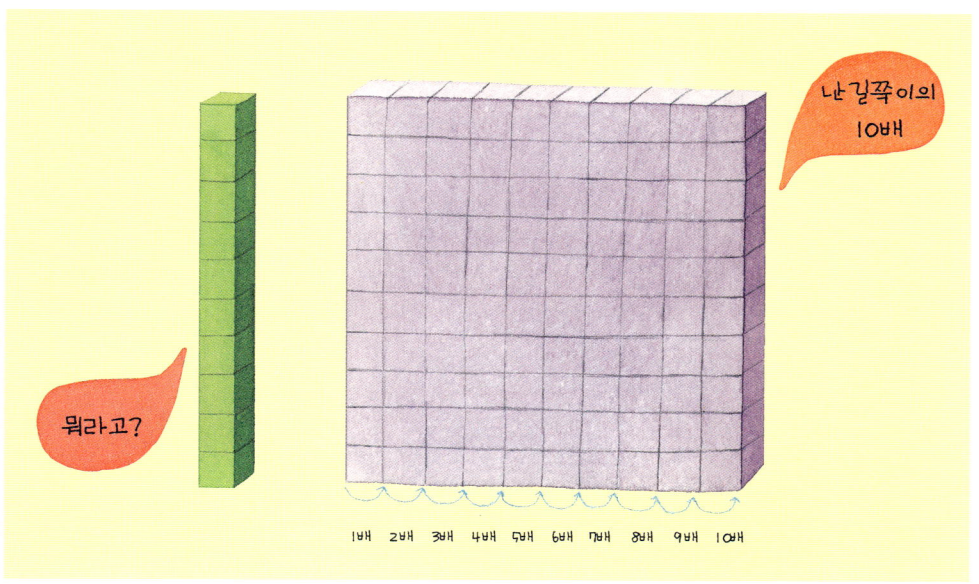

는 체험을 하고 수에 관한 그림을 머릿속에 그릴 수 있게 될 거야.

영성이와 우리 귀여운 코딱지도 가베 친구들 덕분에 10개짜리 탑이 5개짜리 탑보다 얼마나 더 큰지 금세 비교할 수 있었던 거야. 우리 귀여운 코딱지 머리에 그림이 그려진 거지.

땅딸이, 길쭉이, 넓적이 모두 참 좋은 친구지?

그럼, 이제 세 친구와 함께
덧셈·뺄셈 나라로 떠나 볼까?
자아, 그럼 출발!!!

# 우리 엄마 나이는 삼오, 우리 아빠 나이는 사영이래요

자리가 있어서 편리한 아라비아 수

20★♡년 2월 14일 모처럼 따뜻함

 집에 오자마자 모범생인 나는 숙제를 하려고 준비를 했다.
우리 귀여운 코딱지는 오늘도 어김없이 나의 껌이 되어 내 옆에 찰싹 붙어 앉았다. 오
늘 숙제는 우리 가족에 대해 소개하는 것이다.
엄마는 여자, 아빠는 남자이구요…
그 다음에 또 무슨 이야기를 해야할까 고민하다가…
아! 바로 그거.
엄마, 아빠 나이를 쓰면 좋을 것 같다는 생각을 했다.
혹시 우리 선생님과 친구가 될 수도 있으니까…

우리 엄마 나이는 35, 우리 아빠 나이는 40이구요.

앗, 그런데…
우리 코딱지가 오늘도 어김없이 나를 실망시켰다.
35를 삼오, 40을 사영이라고 읽는 것이 아닌가!

우리 엄마 나이는 삼오이구요,
우리 아빠 나이는 사영이래요???

우리 코딱지는 도대체 어디가 아픈 것일까?

얘들아. 선생님이 문제 하나 내 볼게 한번 생각해 볼래?

우리가 지금 사용하고 있는 아라비아 숫자 있잖아, 이 아라비아 숫자는 모두 몇 개일까?

아주 크으은 수까지 나타내야 하니까 아주 많을 것 같다고?

아니야. 이 아라비아 숫자는

0 1 2 3 4 5 6 7 8 9

이렇게 열 개야. 그런데 이 열 개로 이 세상의 모든 수를 나타낼 수 있단다. 어떻게? 그건 아라비아 숫자에는 '자리'가 있기 때문이야. 이게 도대체 무슨 말이냐고?

그럼 또 이야기를 하나 해야겠다. 이야기를 시작하기 전에 우리 친구 땅딸이와 길쭉이를 불러오자. 땅딸아, 길쭉아 나와라.

어느 땅딸이 집에 말이야, 땅딸이 열다섯이 살고 있었대.

집이 너무 좁아 땅딸이들은 늘 불평했어.

아이고 좁아, 아이고 좁아.

그래서 땅딸이들은 결심했지. 아무도 없는 길쭉이 집으로 이사를 가기로 말이야.

그런데 땅딸이 집 바로 왼쪽에 있는 길쭉이 집 대문에는 이런 말이 써 있었대.

"반드시 땅딸이 10개를 모아서 들어오시오."

열다섯 땅딸이 가족 중 열 개씩 짝을 지어야 옮길 수 있는 거였어. 그리고 이름도 바뀌었지. 길쭉이 1로 말이야. 이사를 가고 난 뒤 땅딸이와 길쭉이 집 문패에는 이렇게 써 있었대.

그러니까, 길쭉이네 집에선 땅딸이 열 개를 1이라고 나타내는 거야.

그 뜻은 '땅딸이가 10개 있습니다.'라는 것이지.

그럼 땅딸이네 집의 5는? '땅딸이가 5개 있습니다.'

이렇게 아라비아 숫자는 계속해서 새로운 집을 만들어.

1이 10개일 때는 길쭉이네 집을, 10이 10개일 때는 넓적이네 집을, ……. 이것을 우리는 '자리'라고 해.

계속해서 새로운 자리를 만들기 때문에 이 10개의 숫자로 세상의 모든 수를 나타낼 수 있는 거야.

친구들이 잘 아는 수 10을 생각해 볼까? 열 개를 나타내는 10에서 보이지 않지만 자리가 정해져 있는 거야.

앞에 쓴 1은 열 개씩 세어서 한 묶음, 뒤의 0은 낱개가 한 개도 없다는 것을 뜻해. 쉽지?

그런데 여기에서 0은 중요한 일을 한단다. 열 개씩 세어서 한 묶음이니까 1을 쓰고, 낱개는 하나도 없다고 아무 숫자도 쓰지 않으면 어떻게 쓰게 될까? '1'이 되겠지. 그럼 낱개로 하나를 나타낼 때 쓰는 숫자 '1'과 헷갈려서 열 개인지 한 개인지 잘 모르게 될 거야.

그래서 하나도 없을 때에는 자리를 비워두지 않고 아무것도 없다는 뜻의 0을 그 자리에 써 주어야 수를 제대로 나타낼 수가 있어.

이제 10 속에 있는 보이지 않는 자리에 대해 알게 되었으니까 열 개씩 2묶음인 수도 쓸 수 있겠지? 그래, 20이야.

20에서 2는 열 개씩 세어서 2묶음, 0은 낱개가 하나도 없다는 것을 뜻해. 그리고 이렇게 읽는 거지. '이십'이라고 말이야.

열 개씩 몇 묶음인지 쓰는 자리를 '십의 자리'라고 말하고, 낱개로 몇 개인지 쓰는 자리를 '일의 자리'라고 말하기 때문이지.

그럼, 이제 열 개씩 3묶음인 수도 써 보자. 너무 쉽지? 30이라고 쓰고 '삼십'이라고 읽으면 끝!

40은 10개씩 4묶음이고 낱개는 하나도 없는 수
50은 10개씩 5묶음이고 낱개는 하나도 없는 수
60은 10개씩 6묶음이고 낱개는 하나도 없는 수
70은 10개씩 7묶음이고 낱개는 하나도 없는 수
80은 10개씩 8묶음이고 낱개는 하나도 없는 수
90은 10개씩 9묶음이고 낱개는 하나도 없는 수

그럼, 이제 문제를 한번 내 볼까?
9는 9인데 9가 아닌 것은? 99의 앞에 있는 9!

뭐야, 금방 정답을 맞혔네. 이제 우리 귀여운 코딱지들이 수의 자리를 모두 잘 알고 있구나.

99에는 9가 똑같이 두 번 써 있지만, 앞의 9와 뒤의 9는 다른 수야. 앞의 9는 십의 자리에 있는 9이니까 90을

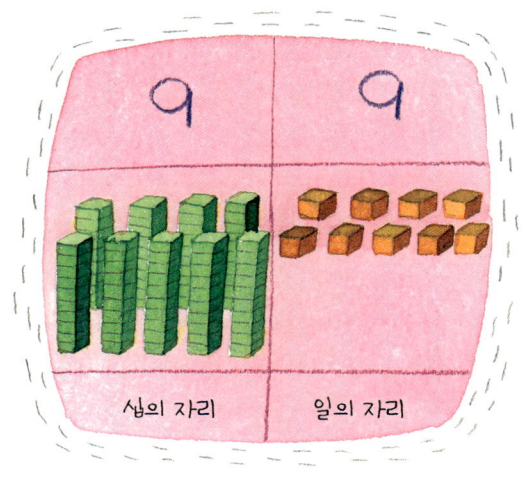

말하는 것이지. 즉, 10짜리 길쭉이가 9개 있다는 말이야. 뒤의 9는 일의 자리에 있는 9니까 1짜리 땅딸이가 9개 있다는 말이고.

그러니까, 똑같은 9라도 어느 자리에 있느냐에 따라서 90이 되기도 하고, 9가 되기도 하는 거야.

그럼, 이제 99보다 더 큰 수를 쓰는 방법을 알아볼까?

99보다 1이 더 큰 수는 10짜리 묶음이 10개 있는 수가 되겠지?

10개씩 10묶음이 있는 수는 이제 이름이 확~ 달라져서 '백'이라고 한단다.

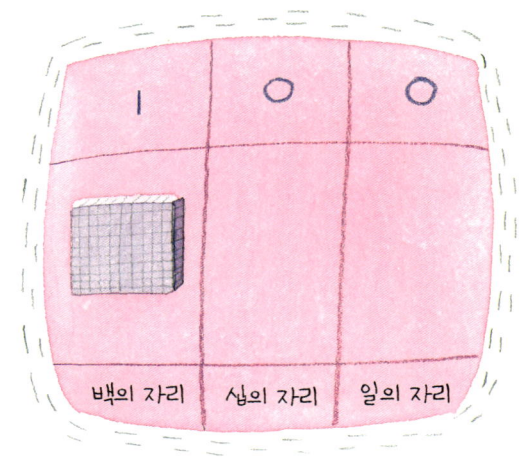

백을 숫자로는 어떻게 쓸까? 그래, 자리를 또 옮겨야 해.

길쭉이가 10개 모이면 집이 다시 좁아져. 그래서 이번엔 넓적이네 집으로 이사를 가는 거야.

그러면 이름도 바뀌지? 어떻게?

1, 그러니까 '길쭉이가 10개 있습니다.'

로 말이야. 숫자로는 100! 100은 100짜리 한 묶음만 있고, 10개짜리 묶음도, 낱개도 없는 수야. 그리고 1이 쓰인 자리, 즉 100묶음이 몇 개인지 나타내는 자리를 '백의 자리'라고 해. 그러니까 200은 100묶음만 2개, 300은 100묶음만 3개, 900은 100묶음만 9개인 수가 되겠지?

그러면 505는? 백의 자리가 5니까 100묶음이 5개 있겠지. 십의 자리가 0이니까 10묶음은 없는 거야. 일의 자리는 5니까 낱개가 5개 있는 거고. 그러니까 505는 백이 5, 일이 5인 수가 되는 거지.

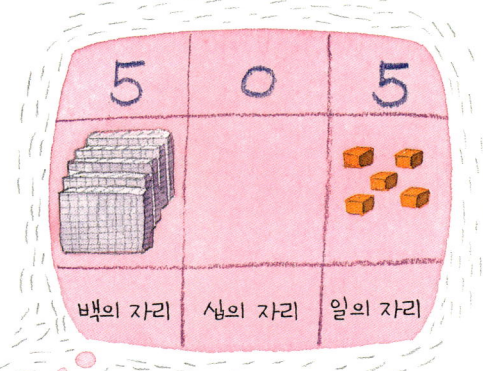

그럼, 백의 자리보다 더 앞에도 수의 자리가 있냐고? 물론이지. 100묶음이 10개 있게 되면 앞에 자리가 하나 더 생긴단다. 이게 우리가 쓰는 십진기수법의 원리야. 묶음이 10개가 되면 차례로 자리가 하나씩 더 생기는 원리 말이야. 정말 편리하지?

그런데 수의 자리는 어디까지 생길까? 아마 끝이 없을 거야.

계속 자리를 만드는 수, 끝까지 한번 가 보고 싶다, 그렇지?

# 수리수리 코딱지 얍!

9까지의 수 가르기와 모으기

20★♡년 3월 2일 봄인데 겨울보다 더 추움

오늘은 너무 행복한 하루였다.
우리 귀여운 코딱지 덕분에 내가 그렇게 존경하는
마술사가 되었기 때문이다.
이제 보니 마술사라는 것도 별게 아닌 듯 싶다. 학교에서 수학
공부만 열심히 하면 마술사가 될 수 있으니 말이다.
사람들이 마술사가 되는 비결을 궁금해 할 것 같아서 내 일기장
에 기록을 남긴다. 헤헤
일단 구슬을 9개 준비하시라.
나는 나는 마술사, 한 손에 있는 구슬만 보면 다른 한 손에 있는
구슬의 개수를 보지 않고도 알아낼 수 있다네.
노래를 부르고 나서 우리 코딱지에게 마술을 시작한다.
자 봐봐, 왼손에 하나야. 오른손에는 몇 개가 있지?
수리수리 코딱지 얍! 8개.
또 봐봐. 왼손에 두 개야, 오른손에는 몇 개가 있지?
수리수리 코딱지 얍! 7개.
이렇게 계속하면 우리 코딱지는 환호성을 지른다.
"와! 우리 언니 마술사야."

9까지의 수 가르기와 모으기

재미있는 놀이를 했구나.

9개의 구슬을 오른손과 왼손에 갈라 쥐는 놀이네.

무척 재미있어 보이지?

영성이처럼 머리 속에서 몇 개인지 바로 셀 줄 알아야 마술사가 될 수 있는 거야.

주문을 외워야 한다고? **수리수리 코딱지 얍!** 호호호.

우리 귀여운 코딱지는 아직 어려서 머리 속에서 몇 개인지 잘 세어지지 않나 봐. 수를 세는 연습을 더 많이 해야겠어.

우리, 영성이와 코딱지가 하던 놀이를 같이 해 보자.

주문을 외워, 큰 소리로!

왼손에 1개. 수리수리 **코딱지 얍!** 오른손에는 8개.
왼손에 2개. 수리수리 **코딱지 얍!** 오른손에는 7개.
왼손에 3개. 수리수리 **코딱지 얍!** 오른손에는 6개.
왼손에 4개. 수리수리 **코딱지 얍!** 오른손에는 5개.
왼손에 5개. 수리수리 **코딱지 얍!** 오른손에는 4개.
왼손에 6개. 수리수리 **코딱지 얍!** 오른손에는 3개.
왼손에 7개. 수리수리 **코딱지 얍!** 오른손에는 2개.
왼손에 8개. 수리수리 **코딱지 얍!** 오른손에는 1개.

한 가지가 더 있어, 한쪽 손에 9개가 있으면

수리수리 코딱지 얍! 다른 한 손엔 0개!

이렇게 수를 두 개의 수로 '가르기'를 할 수 있단다. 다른 수도 이렇게 가르기할 수 있냐고?

그럼~~~ 할 수 있지.

6을 가르기하기 위해 선생님이 주문을 외울게.

수리수리 코딱지 얍! 6이여, 갈라져라!

그럼, 5하고 7하고 8은 우리 같이 해 보자. 주문을 외워.

수리수리 코딱지 얍! 한꺼번에 다 써져라!

5는

7은

8은

가르기를 알았으니까, 이제 모으기도 할 수 있겠다.
우리가 가르기한 두 수를 다시 모으면 되는 거야.
모을 때에도 코딱지 주문을 외우냐고?
크크. 그래, 한번 해 보자. 9 모으기를 해 보자.

수리수리 코딱지 얍! 9를 만들어라!

0과 9를 모아라.　수리수리 코딱지 얍! 9
1과 8을 모아라.　수리수리 코딱지 얍! 9
2와 7을 모아라.　수리수리 코딱지 얍! 9
3과 6을 모아라.　수리수리 코딱지 얍! 9

4와 5를 모아라.  수리수리 코딱지 얍! 9
5와 4를 모아라.  수리수리 코딱지 얍! 9
6과 3을 모아라.  수리수리 코딱지 얍! 9
7과 2를 모아라.  수리수리 코딱지 얍! 9
8과 1을 모아라.  수리수리 코딱지 얍! 9
9와 0을 모아라.  수리수리 코딱지 얍! 9

이렇게 하다 보니까 선생님은 또 새로운 사실이 보이네.
뭐가 보이냐고? 크크.
땅딸이 1모형 7개를 말하는 7이라는 수는 3과 4가 될 수도 있고 2와 5가 될 수 있고, 1과 6이 될 수 있으니까, 7이라는 하나의 속에는 여러 가지 수가 들어 있기도 하다는 사실 말이야.

또, 땅딸이 1모형 3개를 말하는 3이라는 수는 1모형 4개인 4라는 수와 모으기하면 7이 되고, 1모형 5개인 5라는 수와 모으기하면 8이 되잖아.

이렇게 '수'는 모이기도 하고 나뉘기도 하면서 변신 마법을 부린단다. 이것이 모두 수의 특징이야.

우리가 처음에 한 개를 1, 두 개를 2, 세 개를 3, 네 개를 4, 다섯 개를 5, 여섯 개를 6, 일곱 개를 7, 여덟 개를 8, 아홉 개를 9, 아무것도 없는 것을 0이라는 수로 각각 나타낸다고만 배웠을 때에는 잘 몰랐던 사실이지?

앞으로 수가 또 어떤 변신 마법을 부릴지 정말 궁금하다, 궁금해!

# 이렇게 긴 영수증도 있나요?

덧셈의 뜻과 덧셈식

20★♡년 4월 30일 대공원 가기 딱 좋은 날씨

오늘은 우리 코딱지랑 재미있는 슈퍼 놀이를 했다.
나는 슈퍼 아저씨, 코딱지는 장보러 온 아줌마!
먼저 슈퍼 선전지에 있는 수박 그림, 생선 그림, 통조림 그림, 쇠고기 그림, 우유 그림, 휴지 그림을 오렸다. 그리고 가격을 정했다. 수박은 구슬 3개, 생선은 내가 싫어 하니까 구슬 1개, 쇠고기는 비싸니까 구슬 4개, 우유는 구슬 2개, 우리가 좋아하는 통닭은 한 마리에 구슬 6개, 돈가스는 구슬 7개를 받고 팔기로 했다.
코딱지가 돈가스보다 통닭이 더 비싸다고 했지만 그냥 난 맛있는 순서대로 가격을 정하기로 했다. 코딱지 아줌마는 우유와 수박을 샀다. 우유는 구슬 2개, 수박은 구슬 3개를 내야한다. 합해서 5개를 받으면 된다.
그리고 슈퍼 아저씨는 영수증을 만들었다.

"우유값 구슬 2개와 수박값 구슬 3개를
합하면 모두 구슬 5개가 됩니다."

라고 …
그런데 물건을 팔 때마다 이런 긴 영수증을 쓰려니 시간도 많이 걸리고 너무 불편했다.
슈퍼 아저씨는 매일 이렇게 긴 영수증을 쓰시는 걸까?

슈퍼 아저씨는 매일 이렇게 긴 영수증을 쓰실까?

그러면 계산을 하려는 사람들이 돈을 내려고 한참 기다려야 할 거야.

그러면 슈퍼에 가는 것도 점점 싫어지겠다.

그러나 …… 걱정할 필요가 없어요.

슈퍼 아저씨는 매일 이렇게
긴 영수증을 쓰지 않으시니까.

여기 영성이가 쓴 영수증을 보자.

우유값 구슬 2개와 수박값 구슬 3개를 합하면 모두 구슬 5개가 됩니다.

이렇게 긴 영수증을 어떻게 간단하게 쓰냐고? 방법이 있어요. 잘 봐. 이렇게 쓰면 된단다. 이것은 수학에서 사용하는 표시인데 '덧셈식' 이라고 하지.

$$2+3=5$$

저렇게 쓰면 2개와 3개를 합하면 5개가 된다는 뜻이냐고?
물론이지. 읽을 때에는 '2 더하기 3은 5'라고 읽는 거야.
어때? 무척 간단하지?

그럼, 이 간단한 표시가 무엇을 나타내는지 하나씩 이야기해 줄게.

2와 3 사이에 있는 "+"는 '더하기' 표시야. 2개와 3개를 합한다는 뜻이지.

그리고 "="는 '같다'를 뜻해. 2개와 3개를 합하면 5개가 되니까 5와 같다는 뜻이지.

> 2+3=5 (2 더하기 3은 5와 같습니다.)

영수증을 만들 때 덧셈식을 사용하니까 간단하고, 편리하고, 계산을 하려는 사람들도 오랫동안 기다리지 않아도 되는 거야.

그런데 "2+3=5"라는 덧셈식에는 두 가지 뜻이 있다고 생각해 볼 수 있단다.

두 개의 모임을 '동시에' 합하는 경우와 '앞의 것에 뒤의 것을 덧붙여서' 합하는 경우지. 예를 들어서 생각해 볼까?

우리 동네에는 참새와 비둘기가 많다. 참새와 비둘기가 같이 와서 거리에서 먹이를 먹기도 한다. 어느 날 참새 2마리와 비둘기 3마리가 같이 와서 먹이를 먹고 있었다. 이 때, 먹이를 먹고 있는 참새와 비둘기는 모두 몇 마리일까?

"참새 2마리와 비둘기 3마리를 합하면 모두 5마리가 됩니다."

이럴 때에 간단하게 덧셈식으로 쓸 수 있어.

2+3=5 !

두 개의 모임을 동시에 합하는 경우야.

그 다음 문제!

엄마께서 영성이에게 초코 과자를 2개 주셨다. 그런데 잠시 후에 더 먹으라고 3개를 또 주셨다. 그럼 영성이가 먹은 초코 과자는 몇 개일까?

3개 더 먹어라

"초코 과자 2개에 초코 과자 3개를 더하면 모두 5개가 됩니다."

이것도 역시 간단하게 쓸 수 있지.

2+3=5!

이번 덧셈은 앞의 것에 뒤의 것을 덧붙여서 합하는 경우야.

이처럼, 덧셈식은 간단하면서도 우리 생활을 아주아주 편리하게 해 준단다.

# 세어 보지 않고도 알 수 있어

뺄셈의 뜻과 뺄셈식

20★♡년 5월 5일 어린이날다운 날씨

오늘은 우리의 날! 그래서 우리 코딱지가 제일 좋아하는 문방구에 갔다. (크크, 사실 나도 문방구를 엄청 좋아한다.) 디지몬 딱지를 사기 위해서…
8장을 샀다.
코딱지는 딱지를 보고 너무 좋아하면서 자기도 달라고 했다. 그래서 2장을 줬다. 큰 인심쓰듯이…
우리 코딱지는 너무 고마워하면서 물었다.

"언니 몇 장 남았어?"
"6장."
그랬더니 코딱지는 깜짝 놀라며 어떻게 세어 보지도 않고 6장이 남았는지 아냐고 하는 것이었다. 그리고 자꾸 의심하며 다시 세어 보라고 했다. 남은 것을 세어 보니 6장이었다. 딱 맞았다. 그러자 코딱지는 "대단해유!"라는 말로 칭찬을 대신했다.
8장에서 2장을 주면 6장이 남는다는 것은 세어 보지 않고도 알 수 있는데 우리 코딱지는 왜 "대단해유!"만 외치고 있는지 정말 이해할 수가 없다.

빼셈의 뜻과 빼셈식

우리 같이 코딱지에게 대답해 주자.

영성이는 어떻게 6장인 걸 알았을까?

그렇지! 그건 바로 '뺄셈'을 했기 때문이란다.

뺄셈을 하지 않았다고? 아니야. 영성이가 세어 보지도 않고 6장이 남았다는 것을 안 것은 자기도 모르게 뺄셈을 한 거란다.

그럼, 뺄셈은 무엇일까? 뺄셈은 지난번에 선생님이 알려 준 덧셈하고는 반대라고 할 수 있지. 덧셈은 수를 동시에 합하거나 덧붙여서 합하는 것인데, 뺄셈은 수를 얼마만큼 덜어 내는 거란다.

오늘 영성이는 8개 중에서 2개를 덜어 낸 것이지.

그런데 뺄셈을 하고 나면 뺄셈도 덧셈식처럼 간단하게 '뺄셈식'으로 쓸 수 있냐고? 물론이야. 영성이가 오늘 뺄셈한 내용을 선생님이 뺄셈식으로 써 볼게.

$$8-2=6$$

간단하지? 그리고 '8 빼기 2는 6'이라고 읽는 거야. "−" 표시는 빼기라고 하는데, 빼기는 8개에서 2개를 '뺀다, 덜어 낸다'라는 뜻이야. 그리고 "="는 '같다'라는 표시니까, 8장에서 2장을 덜어 내면 6장이 되어 6과 같아진다는 말이지.

8-2=6 (8 빼기 2는 6과 같습니다.)

이 뺄셈식도 말이야, 덧셈식처럼 두 가지로 그 뜻을 생각해 볼 수 있단다. 전체 중에서 얼마를 덜어 냈을 때의 '남은 것'을 구하는 것과, 두 모임의 수의 '차이'를 구하는 것이지.

이것도 예를 들어서 생각해 보자.

영성이가 코딱지에게 맛있는 초코 과자를 8개 줬다. 그런데 코딱지는 아까워서 2개밖에 먹지 않았다.
그러면 몇 개가 남았을까?

2개만 먹어야지

"8개 중에서 2개를 먹으면 6개가 남습니다."

이럴 때에 간단하게 뺄셈식으로 쓸 수 있지.

8-2=6!

전체 중에서 얼마를 덜어 냈을 때의 '남은 것'을 구하는 경우야.

뺄셈의 뜻과 뺄셈식

남은 것을 구하는 경우를 하나 더 써 볼게.

코딱지는 언니를 아주 좋아한다. 그래서 무엇이나 언니에게 주고 싶어한다. 엄마가 코딱지에게 생일 선물로 예쁜 꽃핀을 8개 사주셨다. 아끼는 물건인데도 언니에게 2개를 줬다. 그럼, 코딱지에게는 꽃핀이 몇 개 남았을까?

"8개 중에서 2개를 주면 6개가 남습니다."

물론, 이 경우에도  $8-2=6$!

그런데 이번 이야기는 조금 달라. 어떻게 다른지 잘 들어 봐.

"8개는 2개보다 6개 많습니다."

이 경우에도 8-2=6!

두 모임, 그러니까 영성이의 인형 모임, 코딱지의 인형 모임을 비교해서 누구의 모임이 몇 개가 더 많은지 비교해서 차를 구한 거야. 하나 더!

영성이는 연두색 색종이 8장과 노란색 색종이는 2장을 가지고 있다. 그러면 연두색 색종이는 노란색 색종이보다 몇 장이 더 많은 걸까?

"8장은 2장보다 6장이 더 많습니다."

비교해서 차를 구하고 나서 간단하게 쓰자, 뺄셈식으로.

$8-2=6!$

이렇게 수를 덜어 낼 때, 수의 차이를 구할 때, 우리는 뺄셈을 하고 뺄셈을 한 것을 간단하게 뺄셈식으로 쓸 수 있단다.

또, 뺄셈식은 눈으로 볼 수 없는 것도 얼마인지 알 수 있게 해 준단다.

눈으로 볼 수 없는 것이 무엇이냐고?

나이! 나이는 눈으로 볼 수는 없지.

영성이 나이가 8살이고, 코딱지 나이가 6살이잖아? 영성이가 몇 살이 더 많을까를 알아볼 때 '뺄셈'을 하면 눈으로 보이지 않는 나이의 차이도 알 수가 있는 거지.

확실히 세어 보려면 땅딸이 8개와 6개를 비교해 보면 돼.

땅딸이 8개는 땅딸이 6개보다 2개가 더 많잖아? 그러니까 영성이가 2살이 더 많은 거야. 물론, 8살은 6살보다 2살 더 많다는 것도 뺄셈식으로 쓸 수 있지.

8-2=6!

봐, 나이같이 눈으로 볼 수 없는 것의 차이도 뺄셈으로 알 수 있으니 얼마나 편리하니?

빨셈의 뜻과 뺄셈식

# 다 **마찬**가지야!
## 9까지의 덧셈과 뺄셈

20★♡년 6월 15일 아이스크림을 먹어도 너무 더움

슈퍼에 다녀오신 엄마가 코딱지와 나를 위해 시원한 아이스크림을 사오셨다.
그런데 너무 심각한 고민을 해서인지 아이스크림을 보고도 군침은 커녕 머리가 아프기만 했다.
코딱지는 신이 나서 계속 물었다. "진짜 안먹지, 진짜 안먹지? 내가 다 먹어도 나중에 딴소리 안하는 거지?"
대답하기조차 귀찮았다.
아이스크림조차도 싫어지는 나의 심각한 고민은 이거였다.
오늘 수학시간에 뺄셈식을 세울 수 있는 여러 가지 의미에 대해서 공부했다.
그런데 선생님은 종이 칠 무렵 이렇게 말씀하시는 것이 아닌가.
'얼마나 더 큰가'를 알아볼 때도,
'몇 개가 남았는가'를 알아볼 때도
그 방법은 '다 마찬가지야' 라고…
뭐가 마찬가지라는 건가.
혹시 오늘 선생님이 실수하신 것은 아닐까?
나는 가끔 내가 수학 천재가 아닌가 고민하는데
이럴 때마다 우리 코딱지와 같은 병을 앓고 있는 것이 아닌지 걱정이 된다.

우리 영성이는 정말 천재인가 봐. 선생님이 하나를 가르쳐 주면 열 개를 고민하니 말이야.

영성이가 고민하는 부분을 우리 같이 해결해 보자.

'8-5'라는 뺄셈식을 세우는 경우는 여러 가지가 있었잖아.

"8은 5보다 얼마나 더 큰가요?"

라고 물었을 때,

"8개에서 5개를 먹고 남은 것은 몇 개인가요?"

라고 물었을 때에도 또,

"8개의 사탕을 가지고 있다가 5개를 동생에게 주었을 때, 남은 사탕은 몇 개인가요?"

라고 물었을 때에도…….

"다 마찬가지야.'라는 말은 '8-5'가 얼마인지 뺄셈으로 알아볼 때, 방법은 한 가지로 해도 된다는 뜻이야.

한 가지 방법이란? 바로 '가르기'야.

뺄셈식을 세우는 경우는 여러 가지이지만, 그 결과를 알기 위해 뺄셈을 할 때에는 '가르기'로 하면 된다는 거지.

먼저, 8을 가르기해 보자. 주문을 외워.

왼손에 5개. 수리수리 코딱지 얍! 오른손에는 3개.

그러니까 '8−5'는 그냥 8을 5와 3으로 가르기했다고 생각하고 8 빼기 5의 답을 3이라고 구하면 된다는 거야. 뺄셈식으로 쓰면

8−5=3!

그럼, 우리 뺄셈 연습을 해 보자.

5−4는 얼마일까?

맞았어. 5는 4와 1로 가르기할 수 있으니 5에서 4를 빼면 1이 되지. 그래서 뺄셈식으로 쓰면

5−4=1!

한 번 더!

9−7은 얼마일까? 2!

맞았어요. 9는 7과 2로 가르기할 수 있으니까 9에서 7을 빼면 2가 되지.

뺄셈식으로 쓰면

9−7=2!

9까지의 덧셈과 뺄셈

그런데 말이야, 뺄셈을 가르기로 했으니까 말이야, 그러니까 말이야, 덧셈은?

"모으기!"

역시 우리 친구들은 다들 천재하고 가까운 거 같아.

앞의 뺄셈식에서 한 것처럼, 덧셈식을 세울 수 있는 경우를 생각해 보자.

2개랑 6개랑 합하면 몇 개인지 알아볼 때에도 덧셈이고, 2개를 먹고 조금 있다가 6개를 더 먹으면 모두 몇 개인지 알아볼 때에도 덧셈이고, 고양이 2마리랑 강아지 6마리랑 싸울 때 싸우고 있는 고양이와 강아지가 모두 몇 마리인지 알아볼 때에도 덧셈이고, 남자아이 2명이 놀고 있는데 여자아이 6명이 와서 함께 놀 때 모두 몇 명이 놀았는지 알아볼 때에도…….

"다 마찬가지야."

경우가 달라도 덧셈은 하나로 할 수 있어. 수가 같으니까 '2+6'을 하면 돼!

어떻게? 2하고 6을 모아야지. 주문을 외우자.

2와 6을 모아라. 수리수리 코딱지 얍!

앗싸, 2＋6＝8!

와~~~~ 대단해, 대단해, 대단해.

그럼, 이제 우리 함께 덧셈 연습을 더 해 보자.

4＋4는 얼마일까? 8! 맞았어.

4와 4는 모으기하면 8이 되니까 4와 4를 더하면 8이 되지.

덧셈식으로 쓰면

4+4=8!

한 번 더! 1＋6은 얼마일까?

7! 맞았어요.

1＋6은 1과 6을 모으기하면 되니까 7이 되는구나.

덧셈식으로 쓰면

1+6=7!

참! 한 가지 중요한 이야기를 빠뜨렸어. 뺄셈은 덧셈과 다른 점이 있어. 덧셈은 앞의 수와 뒤의 수의 순서를 굳이 따지지 않아도 셈할 수 있지만, 뺄셈은 둘의 순서를 확실히 구별해야 해.

"뺄셈은 앞에서 뒤를 빼라." 점박이 선생님 말씀! 뚜뚜!

# 쪼개라 뚝딱!
# 합 해라 뚝딱!

10 가르기와 모으기

20★♡년 8월 23일 어제보다 더 더움

나의 최고의 라이벌인 우리 엄마는 참 재미있는 분이다. 외출을 하실 때면 늘 간식과 희한한 문제가 적힌 쪽지를 두고 가신다. 오늘도 역시 식탁 위에는 내가 좋아하는 구운 오징어와 문제의 쪽지가 올려져 있었다. 코딱지와 나는 얼른 식탁으로 달려갔다. 쪽지에는 이렇게 써 있었다.

'코딱지는 언니보다 오징어 다리를 적게 먹을 것!'
'코딱지 언니는 코딱지에게 꼭 다리를 나누어 줄 것!'

코딱지와 나는 고민에 빠졌다. 그런데 갑자기 이 천재의 머리를 번뜩이며 스쳐 지나가는 생각!
쪼개라 뚝딱, 합해라 뚝딱나라!
오징어 다리는 10개니까 10을 쪼개면 되는 거야.
내가 10개면 코딱지는 0개? 안 돼 안 돼, 엄마가 꼭 주기는 해야 된다고 했어.
내가 9개면 코딱지는 1개.
내가 8개면 코딱지는 2개.
내가 7개면 코딱지는 3개.
내가 6개면 코딱지는 4개.
내가 5개면 코딱지는 5개. 여기부터는 안 돼 안 돼, 코딱지보다 내가 더 많이 먹어야 하거든. ㅋㅋ. 우리 엄마 역시 나의 최고의 라이벌이야.

선생님도 알아알아. '쪼개라 뚝딱, 합해라 뚝딱 나라' 말이야. 아주 재미있는 나라지.

어떤 나라냐고? 음, 그럼 선생님 이야기를 한번 들어 볼래?

옛날옛날에 어느 눈 많이 달린 도깨비 마을에는 말이야, 눈 한 개 도깨비, 눈 두 개 도깨비, 눈 세 개 도깨비, ……, 눈 아홉 개 도깨비들이 살고 있었대.

그 도깨비들은 모두들 눈 두 개 도깨비를 부러워했지. 왜냐고?

눈 한 개 도깨비는 눈이 하나밖에 없어서 잘 볼 수가 없었거든. 그래서 길을 걸어갈 때에도 여기에 쿵, 저기에 쿵 부딪히며 다녔지.

눈 아홉 개 도깨비는 눈이 너무 많아서 정신이 없었어. 앞에 있는 눈은 밥을 보고 밥을 먹고 싶어하고, 다른 눈은 아이스크림을 보고 아이스크림을 먹고 싶어하고, 또 다른 눈은 사탕을 보고 사탕을 먹고 싶어하고……. 그래서 자기 맘이 어떤지, 자기 생각이 어떤지 알 수가 없었어.

눈 두 개 도깨비를 제외하곤 모두들 굉장한 고민거리가 있었지.

그런데 어느 날, 눈 아홉 도깨비가 이웃 마을 팔 아홉 도깨비한테 이런 얘기를 들었어. 저기 저 산꼭대기에 '쪼개라 뚝딱, 합해라 뚝딱 나라'가 있는데 거기 가면 눈 두 개 도깨비로 변신을 시켜준다고 …….

그런데 한 가지 조건이 있었대. 꼭 두 도깨비의 눈의 합이 10이 되도록 짝을 지어서 와야 한다는 거야. 그래서 눈 아홉 도깨비는 친구들을 다 모았어. 짝을 짓기 위해서 말이야.

그래서 밤새도록 고민하고 고민하고 고민해서 다 자기 짝을 찾았어. 누구와 누가 짝이 되었을까?

눈 한 개 도깨비와 눈 아홉 개 도깨비
눈 두 개 도깨비와 눈 여덟 개 도깨비
눈 세 개 도깨비와 눈 일곱 개 도깨비
눈 네 개 도깨비와 눈 여섯 개 도깨비
눈 다섯 개 도깨비와 눈 다섯 개 도깨비

물론, 눈 두 개 도깨비는 갈 필요가 없었지만 눈 여덟 개 도깨비를 위해 같이 길을 떠나기로 했지.

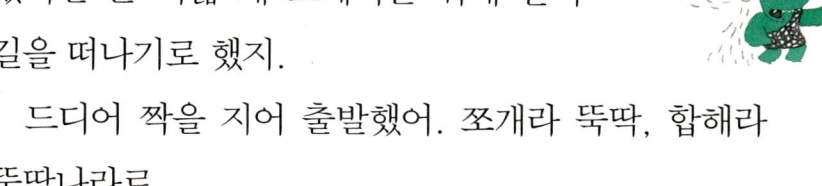

드디어 짝을 지어 출발했어. 쪼개라 뚝딱, 합해라 뚝딱나라로.

그 나라로 들어간 도깨비들은 모두 인간들처럼 눈 두 개 도깨비로 변했고, 그 이후론 아주아주 편안하게 살 수 있게 되었대.

이 눈 많이 달린 도깨비 마을 이야기는 말이야, 10이라는 수를 가르기와 모으기하기 위해 만들어진 얘기야. 아주 재미있지?
우리도 한번 해보자. 주문을 외워.

수리수리 코딱지, 10을 쪼개라, 얍!

10을 가르기한 것은 어디에 필요할까? 물론, 앞에서 설명한 대로 뺄셈을 할 때 이용할 수 있어. 벌써 짐작하고 있었지? 이 말은 10에서 8를 빼면 2가 된다는 뺄셈을 할 때 '10의 8과 2 가르기'를 이용한다는 거지.

그러니까 10-8=2!

그렇다면 10 모으기는? 가르기한 것을 반대로 합하면 모으기가 된다고? 와~~

맞아. 10을 5와 5로 가르기할 수 있지만, 다시 5와 5를 모으기하면 10이 되는 거야.

우리 손가락이 10개니까 10을 가르기 한 두 수나, 모으기해서 10을 만들 수 있는 두 수는 손가락을 보며 말해도 돼. 손가락을 볼 때마다 생각하라고, 10 가르기와 모으기를 말이야. 발가락을 보고도 생각하겠다고? 크크크.

# 앞으로 앞으로, 앞으로 뒤로!

수직선을 이용한 덧셈과 뺄셈

### 20★♡년 8월 15일 앉아만 있어도 땀 줄줄

오늘은 우리 코딱지의 머리 나쁜 병을 좀 고쳐보기 위해 코딱지와 공부를 했다. 어떤 공부냐고?

먼저 나무젓가락에 번호를 붙였다.

0, 1, 2, 3, 4, 5, 6, 7, 8, 9, 10

그리고 차례대로 늘어놓았다. 우리 코딱지는 감동하며 소리 질렀다.

"와아, 기찻길이다."

어휴, 언제쯤이면 이것을 수학공부로 생각하려나.

그리고 주사위를 던졌다. 세 번 던져서 젓가락 10에 도착하는 사람이 이기는 놀이다.

굴려라 굴려.

코딱지는 처음에는 3, 그 다음에 또 3, 그 다음에는 2.

천재인 나는 4, 2, 2.

"이번엔 둘 다 실패."

그러자 우리 코딱지는 깜짝 놀라며 물었다.

"언니 그걸 어떻게 그렇게 빨리 알았어?"

"이거 봐. 3칸, 3칸, 2칸 차례대로 가보면 젓가락 8에 가 있잖아."

"우와 진짜 신기하다. 그럼 덧셈을 하지 않고 젓가락 번호만 읽으면 되는 거야? 그럼 공부할 필요가 없네."

그래서 오늘도 우리 코딱지의 병은 고칠 수가 없었다.

있잖아, 친구드으을 ~~~! 3 다음 세 번째에 오는 수가 얼마인지 알고 있어?

4, 5, 6, 이렇게 6으로 끝나니까 3 다음 세 번째에 오는 수는 6이라고?

그래, 맞아. 그런데 그렇게 생각하지 않고 좀더 쉽게 알 수 있는 방법이 있어.

그건 바로 수직선!

똑바로 옆으로 그린 선에 수를 차례대로 써 놓은 것을 '수직선'이라고 해. 수직선을 보면 수의 차례를 좀더 쉽게 알 수 있지.

수직선에서 3 다음 세 번째에 오는 수를 알려면 3에다 발 찍고 앞으로 세 칸 뛰기를 하면 되니까 얼마인지 금방 볼 수 있다고.

쿵 쿵 쿵! 발자국 소리 한번 요란한데.

그럼, 이번엔 9에서 거꾸로 4번째인 수는 얼마일까?
9에다 발 찍고 뒤로 네 칸 뛰기!
쾅 쾅 쾅 쾅!

아, 그러면 5가 되는구나. 너무 쉽다. 그렇지?

그럼, 이번에는 선생님이 수직선에서 멀리뛰기를 두 번 해 볼게. 어디에 도착하나 잘 보렴.
처음 0에서 4칸 앞으로 뛰기, 그 다음에 다시 그 자리에서 6칸 앞으로 뛰기. 쿠웅 쿠웅!

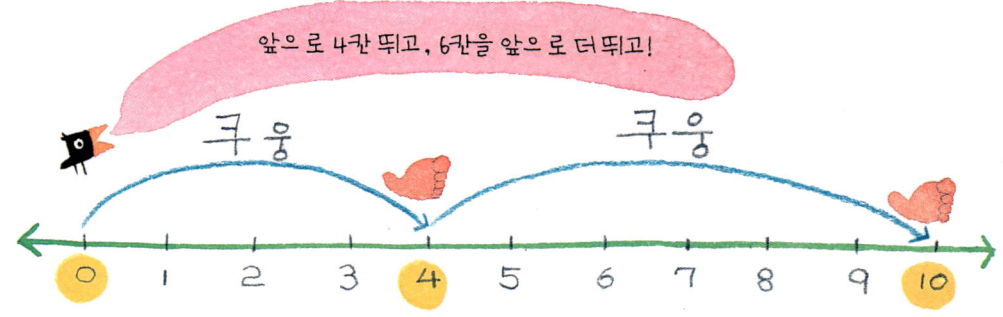

어때? 처음에는 앞으로 4칸을 뛰고, 그 다음에는 6칸을 뛰었지? 앞으로 앞으로 말이야.

그러면 모두 10칸을 뛴 셈이네.

그럼 바로 이건? 덧셈식으로 쓸 수 있을 것 같다고?

그렇지!

수직선에서 앞으로 앞으로 뛴 것은 덧셈을 했다고 할 수 있지.

덧셈식으로 쓰면 4+6=10! 이 되는 거야.

그럼, 뺄셈도 수직선에서 할 수 있을까?

물론, 할 수 있지. 앞으로 뛰기, 그 다음 뒤로 뛰기.

자, 그럼 해 보자.

처음 0에서 10칸 앞으로 뛰기, 그 다음에 다시 그 자리에서 3칸 뒤로 뛰기.

쿠웅! 쾅 쾅 쾅

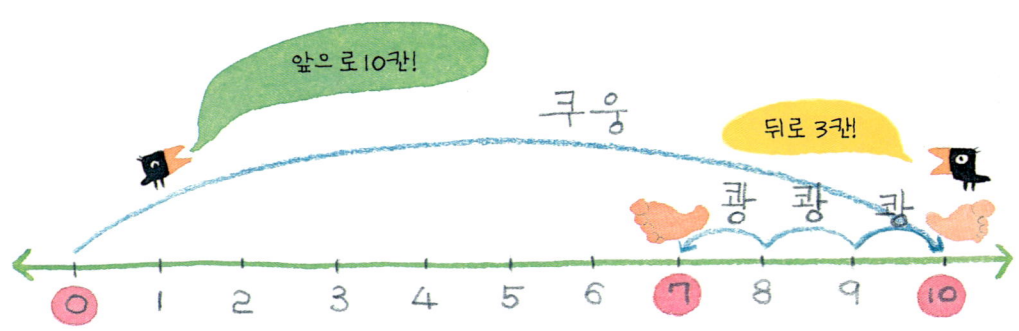

그럼 바로 이건 10-3=7 !

가르기와 모으기로 덧셈과 뺄셈을 할 수 있지만, 이 수직선을 이용해서도 덧셈과 뺄셈을 할 수 있는 거야.
어떻게? 앞으로 앞으로! 앞으로 뒤로!

그럼, 우리 수직선에서 앞으로 뛰기, 뒤로 뛰기 하면서 덧셈과 뺄셈 연습을 한 번 더 해 보자. 먼저, 덧셈부터!
0에서 앞으로 2칸 뛰고, 또 앞으로 8칸 더 뛰면?

앞으로 2칸 뛰고, 또 앞으로 8칸 더 뛰었으니까 10에 도착!
덧셈으로 하면 2+8=10 이 되었어.

수직선을 이용한 덧셈과 뺄셈

이번에는 뺄셈!

0에서 앞으로 10칸 뛰고, 다시 그 자리에서 뒤로 5칸 뛰면?

앞으로 10칸 뛰고, 또 그 자리에서 뒤로 5칸 뛰었으니까 5에 도착!

뒤로 뛰었으니까 뺄셈으로 하면

10-5=5

가 되었어.

그런데, 수직선은 10까지의 수만 쓸 수 있는 걸까?

아니!

우리 마음대로 수직선에 수를 쓸 수 있지. 0에서 10까지 쓸 수도 있고, 50에서 100까지 쓸 수도 있고, 자기가 쓰고 싶은 수의 범위대로 수직선은 만들 수 있어. 그 대신, 수를 차례대로 쓰는 것이 중요해.

예를 들어, 3부터 16까지의 수직선은 먼저 같은 간격으로 선을 그리고, 3부터 16까지 수를 쓰면 되는 거야.

우리 친구들도 수직선을 만들어 봐. 마음대로 수를 써 봐. 하지만, 수를 차례대로 써야 한다는 점은 꼭 기억해야 해!

# 길쭉이는 길쭉이끼리, 땅딸이는 땅딸이끼리

받아올림이 없는
두자리수끼리의 덧셈, 뺄셈

20★♡년 9월 20일 엄마 생일인데 비는 주룩주룩

오늘은 엄마의 생일!
그래서 모처럼 엄마를 위해 엄마가 좋아하는 수학공부를 해드리기로 했다. 수학 문제집을 책상 위에 놓고 눈을 감았다. 눈감고 고른 페이지를 공부하려고. 짠!
음, 두 자리의 덧셈이라고, 누워서 떡먹기군! 56 + 32!
그런데 우리 코딱지가 나의 공부를 감시하기 위해서인지 내 옆에 찰싹 붙어 앉았다.
"뭐 쉽네. 언니 이렇게 쉬운 거 공부해? 난 언니가 천잰 줄 알았는데. 이거 뭐 시시하잖아! 5랑 3이랑 더하고, 6이랑 2이랑 더하고. 아 근데 얘들은 왜 이렇게 딱 붙어 있는 거야, 헷갈리게시리. 5+3, 6+2, 이렇게 쓰면 되잖아!"
난 너무 기가막혀 아무말도 할 수 없었다. 시간이 지나서 머리 나쁜병이 고쳐졌나 했더니 지난번과 하나도 다를 게 없었다. 난 어른스럽게 우리 코딱지를 타일렀다.
"영순아, 이건 5가 아니라 50을 뜻하는 거야. 그러니까 5하고 3을 더한게 아니라고."
내 친절한 설명을 뒤로 한 채 우리 코딱지는 소리치며 휘리릭 내 방을 나가버렸다.
"엄마, 언니가 이상해."

받아올림이 없는 두자리수끼리의 덧셈, 뺄셈

후후후. 우리 영순이가 아직 자리의 개념은 없지만 그래도 길쭉이는 길쭉이끼리, 땅딸이는 땅딸이끼리라는 약속은 지켰는걸.

이 문제는 말이야, 아주 쉽다고 생각하는 친구도 있겠지만 생각해 볼 것이 많은 문제야.

혹시 이런 덧셈에 대해서 유심히 관찰해 본 친구 있어? 왜 그렇게 되는지 그 과정까지 말이야.

그냥 5+3, 6+2로 생각하고 답만 쓰면 된다고?

물론 답은 맞지만, 자꾸자꾸 고민과 생각을 해야 해. 왜 그렇게 답이 나왔는지 말이야.

그럼, 선생님하고 한번 같이 고민해 보자.


56에서 5는 길쭉이 방에 있는 5잖아? 땅딸이 5개하고는 달라.

10짜리 길쭉이 수막대가 5개.

그러니까 50.

길쭉이는 모두 5개, 땅딸이는 모두 6개니까 오십육이 되는 거지.

32에서 3은 길쭉이 방에 있는 3. 땅딸이 수막대 3개하고는 다르다고?

크크, 그래 맞아.

10짜리 길쭉이 수막대가 3개.

그러니까 30.

길쭉이는 모두 3개, 땅딸이는 모두 2개니까 삼십이가 되지.

그럼, 이제 각자 자기 집으로 들여보내자.

그러면 길쭉이 집에는 길쭉이가 8개, 땅딸이 집에는 땅딸이가 8개.

그러니까

56 + 32 = 88

받아올림이 없는 두자리수끼리의 덧셈, 뺄셈

이렇게, 더하기를 할 때에는 십의 자리 수는 십의 자리 수끼리, 일의 자리 수는 일의 자리 수끼리 모아서 더해야 쉽게, 빠르게 할 수 있어. 그런데 덧셈을 할 때마다 수막대 친구들을 불러오려면 시간이 너무 많이 걸리잖아?

그래서 수로만 덧셈을 해 보려고 해. 세로로 덧셈을 해서 말이야.

이 때, 십의 자리와 일의 자리는 반드시 줄을 맞춰서 써야 해.

이렇게 더하기를 세로로 쓰면 십의 자리는 십의 자리끼리, 일의 자리는 일의 자리끼리라는 약속을 지키기가 쉬워. 해 볼까?

일의 자리에는 6과 2가 있으니까 더하면 8이 돼.
십의 자리에는 5와 3이 있으니까 더하면 역시 8이 되고.

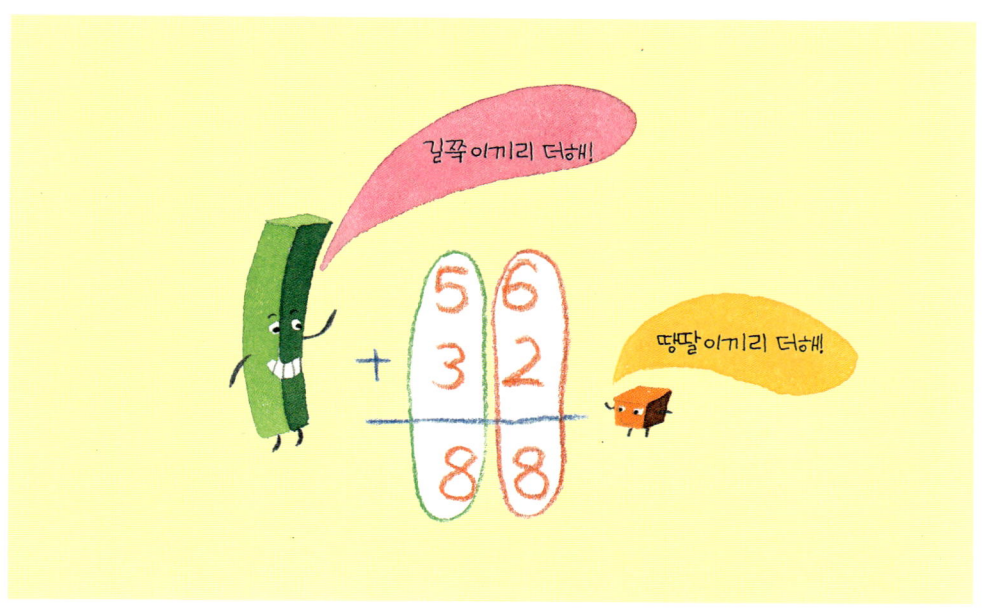

　이 때 십의 자리의 8은 10짜리 길쭉이 수막대가 8개 있는 거니까 80이라는 것을 잊지 말아야 돼.

　뺄셈도 마찬가지야.
　길쭉이는 길쭉이끼리, 땅딸이는 땅딸이끼리.
　그럼, 58-34?
　먼저 수막대 친구들을 한 번 더 부르자. 애들아 ~ ~ ~
　58에서 길쭉이 수막대는 5개, 땅딸이 수막대는 8개.
　각자 자기 방으로 출발!
　그리고 나서 길쭉이 방에서 3개, 땅딸이 방에서 4개를 불러내면 되겠다. 이번엔 뺄셈이니까.

그러면 길쭉이 방에는 길쭉이가 2개, 땅딸이 방에는 땅딸이 4개가 남았네.
그러니까
58-34=24!

이번엔 세로셈으로 머리셈을 해 보자.

잠깐! 줄을 맞춰 써야 해.

먼저 일의 자리 8에서 4를 빼면 얼마가 남지? 4!

두 번째로, 십의 자리 수 5에서 십의 자리 수 3을 빼면 2가 남아.
십의 자리 2는 10짜리 수막대 2개를 말하니까 20이지?
그래서 58에서 34를 빼면 24!

여기서 잠깐! 덧셈이랑 뺄셈은 친해 보이지만 아주 다른 점이 하나 있어. 들은 적이 있다고? 역시, 아주 똑똑한 친구들이야.

**뺄셈은 순서를 지켜야 한다는 것!**

덧셈에서는 더해지는 수와 더하는 수의 순서를 굳이 따지지 않아도 셈할 수 있지만, 뺄셈에서는 둘을 확실히 구별해야 해.
그래서 가로셈에서는 앞에서 뒤를, 세로셈에서는 위에서 아래를 빼야 하는 것이지.
꼭 기억해야 해.
점박이 선생님의 엄청 중요한 말씀! 뚜뚜!

# 하나, 둘, 셋, 넷,
# 차례로 더하는 건 싫어!
# 10을 만들자

### 더해서 10이 넘는 두 수의 덧셈

하나, 둘, 셋, … 열여섯!

10이 되는 방법으로 해라!

수직선에서 찾아!

20★♡년 10월 15일 소풍가기 딱 좋은 날씨

오늘은 어려운 수학 숙제가 있는 날이다.

'7 + 9'를 여러 가지 방법으로 풀어라.

마음이 무겁다는 게 이런 건가 보다. 그래서 하나 도움이 안되는 코딱지와 나의 라이벌인 엄마와 그리고 내가 세상에서 제일 이쁘고 똑똑하다는 우리 아빠에게 하나씩 방법을 찾아내라고 했다. 먼저 코딱지에게는 좀 쉬운 말로 설명했다.
"내 사탕 7개와 니 사탕 9개를 합하면 모두 몇 개지?"
그랬더니 우리 코딱지는 사탕을 몽땅 섞은 다음, 하나, 둘, 셋, 넷, … 열둘, 열셋, 열넷, 열다섯, 열여섯 하며 차례대로 셌다. 어, 제법인 걸. 그 다음은 엄마!
"7에서 시작해서 9칸 더 간 수를 수직선에서 찾으면 되지."
역시 나의 라이벌답게 어렵고 복잡한 방법을 찾아내셨군. 그 다음은 아빠!
"7에다 3을 더하면 10이 되는 방법으로 해라."
오잉? 그런 방법이 있었구나. 이 방법이 좋을 것 같다.
역시 우리 아빤 천재 아빠다워.

더해서 10이 넘는 두 수의 덧셈 87

우와, 이것만 해도 벌써 세 가지다. 영성이네 식구 대단한걸!

우리 코딱지가 푼 방법부터 한번 보자.
두 수를 모두 합해서 1, 2, 3, 4, ……, 13, 14, 15, 16! 이렇게 차례대로 세었구나. 그런데 어때? 시간이 좀 걸리겠지? 수가 더 크면 시간도 더 걸리고, 또 세다가 얼마를 셌는지 헷갈려서 다시 세야 하는 경우도 있을 것 같아.

이번엔 엄마! 수직선을 이용하는 방법이야.

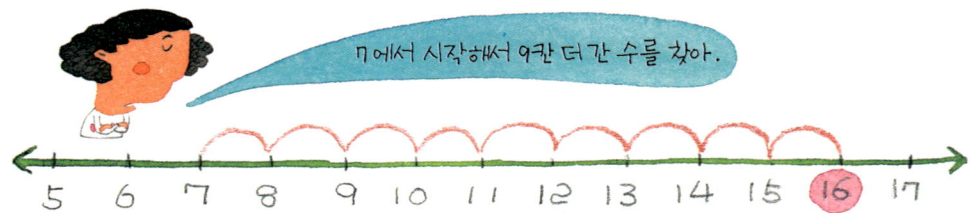

이것도 모두 합해서 세는 방법이랑 같은 문제점이 있는 걸.
스무 칸, 서른 칸을 세어야 할 때도 있을 테니까.

마지막으로, 아빠! 7에다 3을 더하면 10이 되는 방법이라.
아니 근데 왜 갑자기 덧셈이 이렇게 복잡해진 거야?
7과 9를 더하려고 생각해 보니까, 10을 넘잖아. 손가락으로 할 수도 없고 말이야.

그래서 일단 10을 먼저 만드는 거야. 왜 10을 만드냐고? 그러면 이 덧셈을 아주 간단하게 할 수 있거든.

그럼 제일 먼저 할 일이 있지. 친구들을 부르자.

친구야, 노올자. ~~~

여기 7이 있어. 7에다 어떤 수를 더해야 10이 될까?

그래, 3이야.

그럼, 3을 어디에서 가져올까? 9에서 가져오자.

9에서 3을 덜어내면 나머지는 6, 아까 만든 10이랑 이 6을 더하면

그래, 우리가 구하는 답인 16

더해서 10이 넘는 두 수의 덧셈　89

아하! 그렇구나! 차례대로 수를 세서 더하는 방법보다 훨씬 빠르고 정확해. 눈으로 확인해 봤으니까, 이제 정리해 보자.

$$7+9=7+(3+6) \quad \Leftarrow \text{10을 만들기 위해 9를 가르기해.}$$
$$=(7+3)+6 \quad \Leftarrow \text{10을 만들어.}$$
$$=10+6 \quad \Leftarrow \text{10과 남은 6을 더해.}$$
$$=16 \quad \Leftarrow \text{그러면 우리가 구하는 답.}$$

이 식을 쓸 줄은 몰라도 돼. 그냥 머리 속에서 이 과정을 생각할 수 있으면 돼. 그러려면 10을 비롯해서 다른 수의 가르기와 모으기를 충분히 익혀야 해.

그런데 다른 방법은 없을까? 10을 만들기 위해서 7을 가르기해도 되지. 이렇게 말이야.

$$7+9=(6+1)+9 \quad \Leftarrow \text{10을 만들기 위해 7을 가르기해.}$$
$$=6+(1+9) \quad \Leftarrow \text{10을 만들어.}$$
$$=6+10 \quad \Leftarrow \text{남은 6과 10을 더해.}$$
$$=16 \quad \Leftarrow \text{그러면 우리가 구하는 답.}$$

이 방법은 덧셈을 하는 두 수 중에서 10을 더 쉽게 만들 수 있는 수를 생각해 보고 그 수를 10으로 만들면 되는 거야.

또다른 방법 아는 사람?

그럼, 힌트를 줄게. 이것도 10을 만드는 방법이야. 힌트 하나 더! 7과 8은 모두 5를 넘는 수야.

후후, 그래 맞아. 이번엔 7과 9 각각에서 모두 5를 덜어 내는 거야. 10을 만들기 위해서.

$$7+9 = (5+2)+(5+4)$$ ⇐ 7에서 5, 9에서 5를 덜어 내.
$$= (5+5)+2+4$$ ⇐ 5와 5를 묶어 10을 만들어.
$$= 10+6$$ ⇐ 10과 남은 두 수를 더해.
$$= 16$$ ⇐ 그러면 우리가 구하는 답.

선생님은 이 방법도 좋아. 선생님은 5라는 수를 좋아하거든. 한 손의 손가락은 5개잖아. 그리고 두 손의 손가락을 모두 합하면 10개가 되니까 아주 쉽잖아?

이렇게 한 문제에 대해서 여러 가지 해결 방법을 생각하다 보면 머리가 그만큼 더 좋아질 거야. 수학을 공부할 때에는 정해진 풀이 말고 다른 방법은 없을까를 늘 생각하는 것이 중요하단다.

# 도대체 왜 이런 일이 일어난 걸까?

받아내림이 있는
십몇과 한자리수의 뺄셈

20★♡년 11월 24일 바람 쌩쌩, 코딱지 콧물 줄줄

"언니, 언니 드디어 내가 이걸 풀었어."
학교에서 돌아오자마자 우리 코딱지는 뭐라고 적힌 종합장을 들고 헐레벌떡 뛰어 나왔다.
  14-8=14
도대체 왜 이런 일이 일어난 걸까?
"키다리는 키다리끼리, 꼬마는 꼬마끼리니까…
8-4=4, 키다리 자리에는 1밖에 없으니까 그대로 1, 대단하지?"
하면서 노래까지 부른다.
나는 코딱지가 귀여웠다.
병이 고쳐질 것 같지는 않지만… 그리고 말했다.
"8에서 4를 빼는 게 아니라 4에서 8을 빼야 해"
코딱지는 나의 지적이 못마땅한지 입을 삐죽거리며 말했다.
"어떻게 4에서 8을 빼? 언니 바보야."
하고 휘리릭 나가버렸다.

이럴 땐 키다리 한 개를 꼬마 열 개로 바꾸라고 말해주려고 했는데… 그래서 난 혼자 중얼거렸다.

"일의 자리와 십의 자리는 그러니까 모두 한편이란 말이지."

기억하고 있니? 56-32와 같은 뺄셈을 하는 방법 말이야.

십의 자리는 십의 자리끼리, 일의 자리는 일의 자리끼리!

그런데 우리 귀염둥이 코딱지가 오늘은 약속을 하나 잊었네.
뺄셈은 순서를 지켜야 된다는 약속 말이야.
무슨 순서냐고?

앞의 수에서 뒤의 수, 위의 수에서 아래의 수를 빼라!

그런데 약속을 지켜서 빼 보려고 하니 ……. 코딱지 말대로 4에서 8을 빼야 하잖아! 작은 것에서 큰 걸 어찌 뺀다지? 이럴 땐 일의 자리와 십의 자리가 한편이란 걸 이용하는 거야.

먼저, 수막대 친구들을 부르자. 막대야, 노올자 ~~

짠!!! 14는 10모형이 1개, 1모형이 4개야. 여기서 8을 빼라는 거지?

코딱지가 14의 1과 4를 다른 편으로 생각하기 때문에 뺄 수 없었던 거야. 14에서 십의 자리 1과 일의 자리 4는 수를 간단히 나타내기 위해 자리를 나누어 쓴 것일 따름이야. 14에서 십의 자리와 일의 자리는 모두 한 편이라고.

봐, 10모형 1개와 1모형 4개를 1모형 14개로 바꿀 수 있잖아.

그러니까, 십의 자리는 십의 자리에서, 일의 자리는 일의 자리에서 빼는 것이 원칙이지만, 일의 자리에서 뺄 수 없을 때에는 십의 자리에서 빼도 된다는 점박이 선생님 말씀! 뚜뚜!

10모형은 1모형이 10개 모인 것, 십의 자리 1은 일의 자리 1이 10개라는 사실!

그럼, 이제 진짜 빼기를 해보자.

첫 번째 방법은 10에서 8을 뺀 나머지 2와 4를 더해서 6이라는 답을 얻는 거야. 무슨 말이냐고? 자, 봐 봐.

이번엔 세로셈으로 해 보자. 제일 먼저 할 일은? 그렇지. 자리의 줄을 맞추자.

일의 자리는 일의 자리에서 빼려고 보니까 4에서 8을 뺄 수가 없어. 그러니 10의 자리에서 빼야겠지? 십의 자리의 1을 지우고, 일의 자리에 10이라고 작게 쓰는 거야. 10모형 1개는 1모형 10개라는 뜻이잖아.

이제 일의 자리에 10이 생겼으니 뺄 수 있지. 10에서 8을 뺄 수 있잖아? 10에서 8을 빼면 2가 남고, 원래 4가 있었으니까, 2와 4를 더하면 6이 되는 거야.
그러니까 14-8=6!
어때? 약간 어렵다고? 몇 번 연습해 보면 돼.

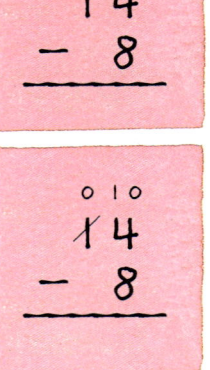

그런데 14-8을 하는 방법은 또 있어.

이번엔 이렇게 생각해 보자.

8개를 빼야 하는데 일의 자리에는 4밖에 없으니까 먼저 4개를 빼는 거야. 그러면 8개 중에서 4개만 뺐으니 4개를 더 빼야겠지? 이제 10모형 중에서 4개를 더 빼는 거야. 그러면 역시 6개가 남지.

어때? 괜찮은 방법이지?

선생님은 처음에 뺄셈한 방법이 더 좋아. 너희들도 너희가 더 좋아하는 방법을 골라서 뺄셈 연습을 하면 된단다.

# 길쭉이 방으로 이사를 간 땅딸이들

받아올림이 있는 두자리수의 덧셈

20★♡년 12월 10일 흰 눈이 펄펄…

드디어……

우리 코딱지가 엄마에게 용서 받지 못할 잘못을 저지르고야 말았다. 엄마가 사온 계란을 세다가 그만…
팔 들고 벌서는 것을 보니까 맘이 아팠다.
코딱지가 불쌍했다. 사건은 이러했다.
장을 보러 갔다 오신 엄마가 계란을 사온 것이다.
딱지는 엄마가 사온 계란과 냉장고에 남아 있는 계란이 모두 몇 개인지를 알고 싶었다는 것이다.
엄마가 사온 계란은 16개, 냉장고에 있는 계란은 25개.
이걸 한 개씩 세려다가 그만…
그냥 덧셈을 하면 되지 왜 하나씩 세었을까?
아하, 자세히 보니 이건 받아올림이 있는 덧셈?
머리 나쁜 병인 우리 코딱지가 받아올림이 있는 덧셈을 못해서 하나씩 세어 보려다가 그만…
일을 저지르고야 만 것이다.
수학을 못하니 불편한 게 한두 가지가 아니다.
내일부터 우리 코딱지의 병에 조금 더 신경 써야겠다.

저 계란을 말이야. 수막대로 바꿔서 길쭉이 집으로, 땅딸이 집으로 보내서 생각했다면 우리 코딱지가 벌을 받지 않아도 됐을 텐데 말이야.

계란 16개는 길쭉이 수막대 1개, 땅딸이 수막대 6개!
계란 25개는 길쭉이 수막대 2개, 땅딸이 수막대 5개!

이제 자기 집으로 들여보내자.

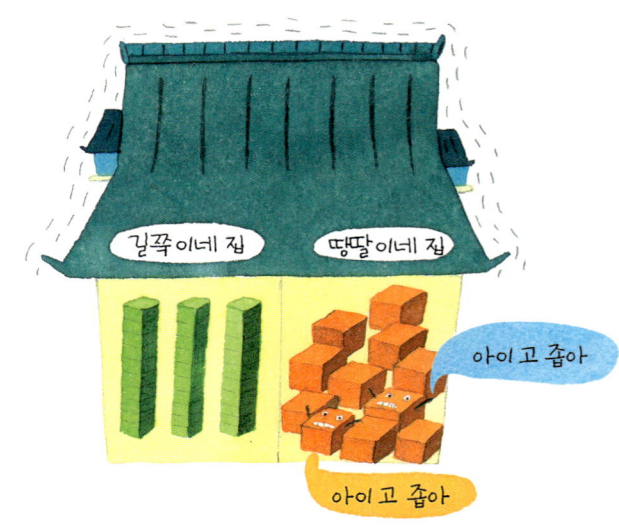

앗, 그런데, 땅딸이 집을 보니 땅딸이가 11개나 있네.

아이고 좁아, 아이고 좁아.

그럼, 길쭉이 집으로 이사를 보내자.
땅딸이 10개를 모아야 옮길 수 있지? 그런데 길쭉이로 변신하면 10이 아니라 1로 표현하지.

그러니까, 길쭉이 집에는 길쭉이가 4개, 땅딸이 집에는 땅딸이가 1개.

이걸 수로 어떻게 나타내지? 41! 그렇지, 사십일이야.

16＋25＝41이란 말이지. 어때? 간단하지?

그런데 말이야. 매번 이렇게 길쭉이 집, 땅딸이 집을 그리고 있을 수는 없잖아. 그럼 어떻게? 후후, 머리셈을 이용해야지.

우선, 16＋25를 세로로 써 볼게.

쓸 때에는 꼭 십의 자리, 일의 자리 줄을 맞춰서 쓸 것.

그 다음, 일의 자리끼리 먼저 더하자. 6과 5를 더하면? 어떻게 더하지? 5와 5를 더해서 10을 만드는 방법으로 더하자.

11이 되네!

10이 하나 생겼으니까 십의 자리·위에 작게 1이라고 써야 해. 10의 자리 수가 하나 생겼다는 뜻이야. 그러면 일의 자리에는 1이 남고, 십의 자리는 1과 먼저 있던 1과 2를 모두 더하면 4가 되는 거지.

그래서 16＋25＝41이 되는 거야.

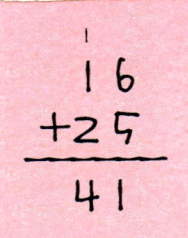

그런데 너희, 혹시 왜 일의 자리부터 계산해야 될까 생각하고 있지 않니? 선생님이 지금부터 십의 자리부터 덧셈을 해 볼게. 어떻게 달라지는지 보렴. 직접 보고 나서 너희가 십의 자리부터 덧셈을 하는 것이 좋은지, 일의 자리부터 덧셈을 하는 것이 좋은지 결정을 하라고.

십의 자리부터 시작한다, 잘 봐.
먼저, 십의 자리끼리 더하니까 3이 되었네?

이제 일의 자리를 더해야지. 6과 5를 더하면 11이잖아? 십의 자리 위에 1이라고 쓰면, 십의 자리는 3이 아니라 4가 되어야지. 어쩌겠어, 3을 지우고 4라고 고쳐야지.

어때? 십의 자리부터 덧셈을 해보니까 훨씬 복잡하지? 십의 자리부터 덧셈을 하니까 먼저 계산한 것을 지우려면 지우개도 꼭 있어야겠네. 일의 자리를 더하면 십의 자리 수가 새로 생기게 되니까 말이야.

그러니까, 덧셈이나 뺄셈은 일의 자리부터 계산하는 쪽이 더 간단하고 정확한 거야.

###  코딱지의 덧셈 원칙

첫째, 일의 자리는 일의 자리끼리, 십의 자리는 십의 자리끼리 더한다. 먼저 일의 자리끼리 더한다.

둘째, 일의 자리를 더해서 10이 넘으면 십의 자리 위에 1이라고 쓰고, 남은 일의 자리 수는 일의 자리 아래에 쓴다.

셋째, 원래 있던 십의 자리 수와 새로 생긴 십의 자리 수를 꼭 더한다. 더한 수를 십의 자리 아래에 쓴다.

# 도대체 오늘은 또 무슨 일이 일어난 걸까?

받아내림이 있는 두자리수의 뺄셈

20★♡년 1월 8일 춥지만 햇님 얼굴 엄청 잘보임

"십의 자리와 일의 자리는 한편! 우리 편, 우리 편!"

코딱지가 신이 나게 노래를 불렀다. 평화를 좋아하는 우리 코딱지가 모두 한편이란 말에 기분이 좋아졌나 보다.
그러더니 자신 있게 말했다.
"언니, 나 62에서 6을 뺄 수 있다. 일의 자리 2에서 6을 뺄 수 없으니까 십의 자리에서 빼면 되잖아. 모두 한편이니까."
'어쭈, 이제 제법인걸. 내가 언니 노릇을 잘하긴 잘했나 보군.'
그런데 그런데 코딱지는… 10모형 6개를 몽땅 1모형으로 바꿔버렸다. 1모형 60개에서 6을 뺄 생각인가보다.
1모형이 너무 많아서 복잡해졌다. 60개가 맞는지 세는 데도 시간이 많이 걸렸다.
오마이가드으으으…
어쩐지 우리 코딱지의 병이 너무 쉽게 나아졌다 생각했다.
"딱지야, 딱지야. 10모형 6개를 몽땅 1모형으로 바꾸지 않아도 돼. 10모형 6개 중에서 1개만 1모형으로 바꿔도 6을 뺄 수 있어."
나의 올바른 이 충고도 듣지 않고,
우리 영순인 또다시 휘리릭 나가버렸다.

코딱지가 이렇게 했다고? 와르르르.

봤지? 아휴, 너무 복잡해. 그러니까 10모형 6개를 몽땅 1모형으로 바꿀 필요가 없어. 10모형 중에서 한 개만 1모형으로 바꾸는 거야. 그래도 6개를 뺄 수가 있다고.

자, 봐 봐.

그러니까 62-6=56!

이번에는 수막대 없이 수로만 뺄셈을 해보자.

세로셈으로 말이야.

세로셈으로 뺄셈을 할 때, 제일 먼저 자리의 줄을 맞춰서 써야 한다는 것, 알고 있지?

줄을 맞췄으니 이제 뺄셈을 시작한다.

우선, 일의 자리 2에서 6을 뺄 수가 없어. 그러니까 십의 자리 6에서 1만 일의 자리로 이사를 보내자. 물론, 일의 자리로 바꾸면 10이 되는 거야. 십의 자리 6을 지우고, 위에 5라고 써, 그리고 일의 자리 위에는 작게 10이라고 써야지.

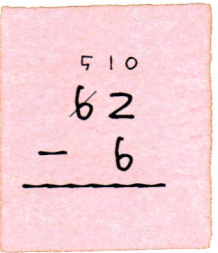

이제 10에서 6을 빼야지. 그럼 4가 남겠지? 그런데 원래 2가 있었으니까 빼고 남은 4와 2를 합하면 6이 되지. 그러면 일의 자리에 6이라고 쓰자.

이제 십의 자리에는 5가 남았는데, 빼는 수가 없으니까 그대로 5라고 쓰면 되지.

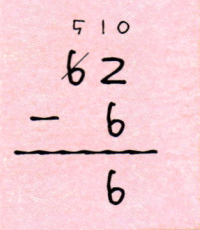

받아올림이 있는 덧셈은 땅딸이 친구 10개를 십의 자리로 이사 보내고서 1이라 쓰고 더하면 되고, 받아내림이 있는 뺄셈은 길쭉이 친구 1개를 일의 자리로 이사 보내고서 10이라 쓰고 계산하면 되는 거야.

그럼, 이제 우린 덧셈, 뺄셈 척척 박사?

 코딱지가 쓴 뺄셈 원칙

첫째, 십의 자리는 십의 자리에서 일의 자리는 일의 자리에서끼리끼리 뺀다.
어디서부터? 일의 자리부터.

둘째, 일의 자리가 작아서 뺄 수 없을 때에는 십의 자리 중에서 1개만 일의 자리 10으로 바꾼다.

셋째, 일의 자리에서 빼기해서 일의 자리 아래에 쓴다.
이 때, 원래 있던 수를 절대 잊지 않는다.
넷째, 십의 자리에서 빼기해서 십의 자리 아래에 쓴다.

그럼, 연습 문제 하나!

코딱지 친구의 이름은 지우예요. 어느 날 코딱지 집에 놀러 온 지우가 자기네 할아버지가 코딱지 할아버지보다 대장이라고 자랑을 하네요. 나이가 많기 때문이라나요. 코딱지 할아버지 연세는 72, 지우 할아버지 연세는 68이에요. 지우 할아버지가 대장이 맞나요? 아니면 그 이유를 말해주세요.

이럴 때 뺄셈을 못하면?

휴~~~ 뭐, 그냥 지우 할아버지가 대장 노릇 하는 거지.

그렇게 내버려 둘 순 없다. 뺄셈을 해 보자. 누가 나이가 더 많은지 알아야 하니까. 우리의 뺄셈 원칙대로 하면 되지.

먼저, 자리의 줄을 맞춰서 빼기를 쓰자.

72-68이야.

첫 번째 원칙, 일의 자리는 일의 자리에서, 십의 자리는 십의 자리에서 빼라.

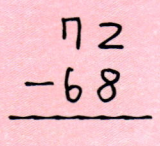

그런데 일의 자리 2에서 8을 뺄 수가 없어.

두 번째 원칙, 십의 자리 중에서 한 개만 일의 자리로 바꿔라.

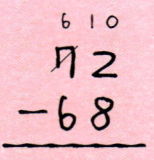

그러면 십의 자리 7은 지우고 6이라고 쓰고, 일의 자리 위에는 10이라고 써야지.

세 번째 원칙, 일의 자리를 계산한 것은 일의 자리에 써라. 이 때, 원래 있던 수를 절대 잊지 말아라.

10에서 8을 빼면 2가 남고, 원래 있던 2와 합하면 4가 되는 거지. 일의 자리에 4라고 쓰자.

네 번째 원칙, 십의 자리를 계산한 것은 십의 자리에 써라. 십의 자리는 이제 6이 되었으니까 6에서 6을 빼야지. 6에서 6을 빼면 0!
맨 앞의 0은 쓰지 않아도 되잖아. 그러면 4만 남았네.
그러니까   72-68=4 !

그럼, 코딱지네 할아버지가 연세가 더 많으시네.

빨리 코딱지에게 말해 주자.

"딱지야. 너희 할아버님이 4살 더 많으시니까, 대장이시다."

# 아무리 큰 수라도 이젠 문제 없어!

### 세자리수 이상의 덧셈, 뺄셈

20★♡년 2월 14일 멋부리다 큰 코 다치는 날씨

'내가 과연 천재일까?' 자려고 누웠는데 이런 생각 때문인지 잠이 오지 않았다. 그래서 난 벌떡 일어나 2학년 수학책을 폈다. 책을 펴자마자 눈꺼풀이 왜 이리 무거운지…
그런데 갑자기 어디선가 도사님의 목소리가 들려왔다.

"일의 자리에서 십을 넘을 땐 십의 자리에 1을 더하고,
십의 자리에서 백을 넘을 땐 백의 자리에 1을 더하고…
한자리수, 두자리수, 세자리수, 그 이상의 수에서 받아올림이 있는 덧셈을 하는 방법은 다 마찬가지란다, 영성아."

"도사님, 정말입니까?"
라고 외치는데 어디선가 또다시…
코딱지의 목소리가 들려왔다.

"언니, 언니 왜 그래? 자면서도 공부하는 거야?"
코딱지만 아니었으면, 더 많은 것을 알려 주셨을텐데…
너무 아쉽다.
도사님, 또 만나 뵙고 싶사옵나이다.

세자리수 이상의 덧셈, 뺄셈

도사님, 저도 만나 뵙고 싶사옵나이다. 크크.
영성이는 정말 수학 천잰가 봐. 꿈도 천재다운 꿈만 꾸는데!

얘들아, 도사님 말씀대로 받아올림이 있는 덧셈의 방법은 다 마찬가지야.

일의 자리부터 차례로 자리를 맞추어 더하는데,
일의 자리에서 받아올림이 있으면 십의 자리에 1을 더하고,
십의 자리에서 받아올림이 있으면 백의 자리에 1을 더하고
……

물론, 여기에 나오는 1들은 각각 의미하는 바가 다르지.

뺄셈도 덧셈과 마찬가지야. 일의 자리부터 시작해서 차례로 자리를 맞추고, 위에서 아래를 뺀다는 약속만 지키면 되는 거지.
일의 자리에서 뺄 수 없을 땐 십의 자리에서 한 개를 가져오고,
십의 자리에서 뺄 수 없을 땐 백의 자리에서 한 개를 가져오고
……

이 약속만 지킨다면 아무리 큰 수의 덧셈, 뺄셈이 나와도 우린 이제 아무 문제 없어.
못 믿겠다고?
그럼, 이 선생님이 한번 보여 주지.

일의 자리에서 받아올림이 있는 두자리수의 덧셈 38＋45를 세로셈으로 나타내 보자.

(1) 8＋5의 답 13에서 10은 윗자리의 '1'로 받아올리고 나머지 3만 적는다.

(2) 십의 자리 수의 덧셈을 할 때에는 받아올린 '1'도 넣어 1＋3＋4의 답 8을 십의 자리에 적는다.

이번엔 십의 자리에서 받아올림이 있는 세 자리 수의 덧셈 254＋172에서

(1) 4＋2의 답 6을 쓰고

(2) 5＋7의 답 12에서 10(사실은 100)은 윗자리의 '1'로 받아올리고, 나머지 2만 십의 자리에 적는다.

(3) 백의 자리 수의 덧셈을 할 때에는 받아올린 '1'도 넣어 1＋2＋1의 답 4를 백의 자리에 적는다.

세자리수끼리의 덧셈도 자릿수만 늘어났을 뿐이지 계산 과정은 두자리수끼리의 덧셈과 똑같은 거야.

"똑같은 셈이잖아."

하는 말이 나오면 대성공이라고!

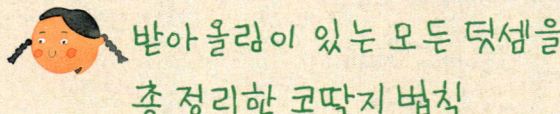 받아올림이 있는 모든 덧셈을
총 정리한 코딱지 법칙

첫째, 일의 자리는 일의 자리끼리, 십의 자리는 십의 자리끼리, 백의 자리는 백의 자리끼리, 더 큰 수도 끼리끼리 더한다.

둘째, 일의 자리부터 차례차례 앞으로 가면서 더한다. 더한 값을 자기 자리에 쓴다.

셋째, 자리끼리 더해서 10이 넘으면 앞의 자리 위에 작게 1이라고 쓴다.

넷째, 자리끼리 더할 때 새로 생긴 1이 있으면 함께 더한다.

끝~~~

이번엔 뺄셈. 우리 친구들이 덧셈보다는 뺄셈을 더 어렵게 생각하니까, 뺄셈은 먼저 수막대 친구들을 이용해 볼게.

이번에 소개할 뺄셈은 바로 123-86!

123은 넓적이 100모형 1개, 길쭉이 10모형 2개, 땅딸이 1모형 3개야.

그러니까 123=100+20+3!

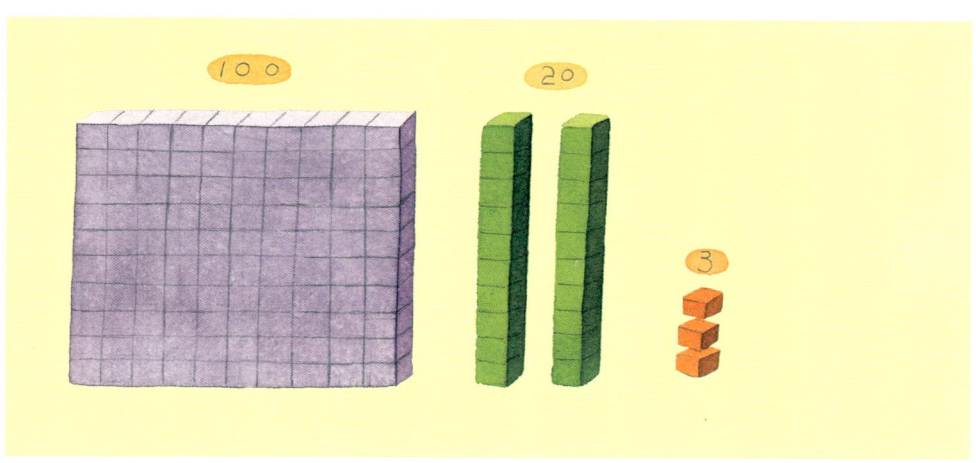

 여기에서 86을 빼라는 거지. 먼저, 1모형부터 빼야지. 6개를 빼야 하는데 3개밖에 없어. 그러면 10모형 중의 1개만 바꾸는 거야. 모두 1모형으로 바꾸지 말고 1개만 바꿔. 그러면 6개를 뺄 수 있지. 바꾼 1모형 10개 중에서 6개를 빼면 4개가 남고, 원래 있던 3개와 합하면 1모형은 7개가 남네?

이번에는 10모형 8개를 빼야 해. 그런데 10모형은 1개 밖에 남지 않았어. 100 모형을 10모형으로 바꿔야지. 물론, 100모형은 10모형 10개가 되지. 그럼, 10모형 8개를 뺄 수 있어.

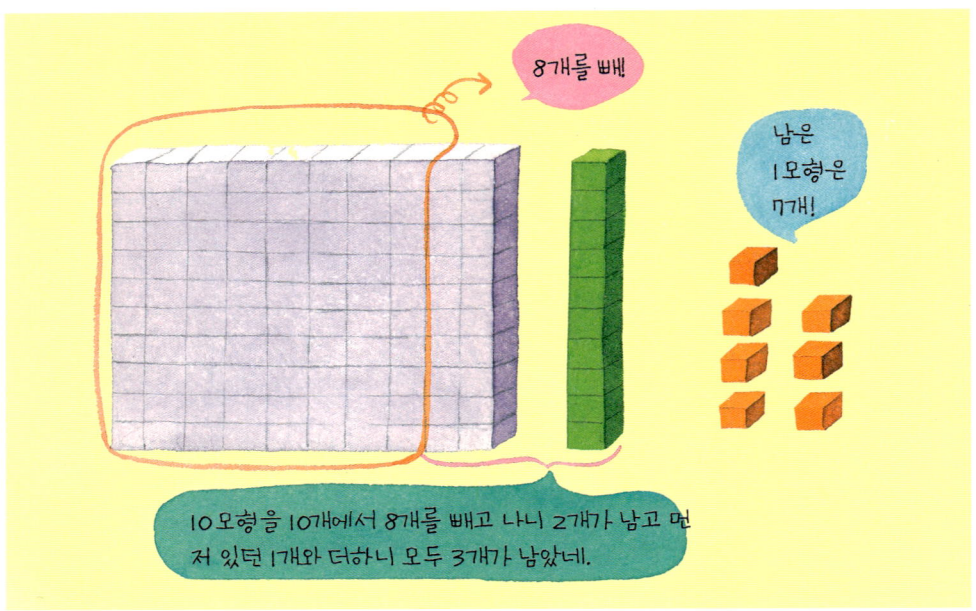

그러면 10모형은 3개, 1모형은 7개가 남았으니까

123-86=37!

수 모형으로 빼기를 해도 되지만 우리는 수만 있어도 뺄셈을 할 수 있어. 그렇지, 세로셈!
세로셈으로 계산하려면 자리의 줄을 맞춰서 쓰는 것이 가장 먼저 할 일!

일의 자리 3에서 6을 뺄 수 없으니 십의 자리 중에서 1개만 일의 자리로 바꾸자. 십의 자리 2는 1개를 줬으니까, 2를 지우고 위에 1이라고 작게 쓰자. 십의 자리 1은 일의 자리에서는 10이 되니까, 일의 자리 위에는 작게 10이라고 써야지.

10에서 6을 빼면 4가 남는데 원래 3이 있으니까 일의 자리에는 모두 7이 남게 되지. 그럼, 일의 자리 아래에 7이라고 쓰자.

이제 십의 자리는 1인데 8을 빼야 하니까, 바로 앞에 있는 백의 자리 1개만 10의 자리로 바꿔야지. 그러면 백의 자리에는 이제 아무것도 없으니까, 1을 지우고 0이라고 쓰자. 백의 자리 1은 십의 자리에서는 10이 되니까, 십의 자리 위에 10이라고 쓰자.

십의 자리에는 이제 10과 1이 있어. 10에서 8을 빼면 2가 남는데, 1이 더 있으니까 모두 3이 남겠네. 그럼, 십의 자리 아래에 3이라고 쓰자. 그러면 123-86=37 !

백이 넘는 수에서 뺄셈을 하고 나니까 더 큰 수에서 뺄셈도 다 할 수 있을 것 같다고? 맞아. 뺄셈의 원칙만 기억하고 있으면 돼.

 **받아내림이 있는 모든 뺄셈을 총 정리한 코딱지 법칙**

첫째, 자리의 줄을 맞춰서 빼기를 쓰고,
일의 자리는 일의 자리끼리, 십의 자리는 십의 자리끼리,
백의 자리는 백의 자리끼리, 더 큰 수도끼리끼리 뺀다.
둘째, 일의 자리부터 빼는데, 수가 작아서 뺄 수 없을 때는,
바로 앞의 자리에서 1만 가져온다. 가져온 1은 자기 자리에
선 10이 되고, 앞의 자리는 1이 준다.
셋째, 그러면 10이 더 생겼으니 뺄 수 있다. 끼리끼리.
넷째, 이 때, 먼저 있던 수를 절대 잊지 않는다. 끝~~

얘들아, 선생님은 너희와 영성이와 코딱지와 함께한 이 여행이 아주 즐겁고 재밌었단다. 이제 덧셈과 뺄셈이란 나라에 대해 이해가 가니? 이제 여기서 작별 인사를 하고, 다음에 또다른 수학 나라로 함께 떠나기로 하자.

선생님은 언제나 너희들 곁에 있단다. 그럼, 이제 안녕!